关键对话

王紫威◎编著

中国纺织出版社有限公司

内 容 提 要

一个善于表达的人，可以顺畅地说出自己的观点，能够把道理讲得既清楚、又动听，让对方乐于接受。你那么优秀，千万别输在不会表达上。

本书全方位地阐述了语言表达的诸多元素，通过深入浅出的解析以及生活化的案例，给予你一些关于日常语言表达的良好建议，让你凭借出色的口才有效提升自我魅力，从而赢得事业的成功。

图书在版编目（CIP）数据

关键对话 / 王紫威编著. —北京：中国纺织出版社有限公司，2020.7（2023.5重印）

ISBN 978-7-5180-6023-8

Ⅰ.①关… Ⅱ.①王… Ⅲ.①语言艺术—通俗读物 Ⅳ.①H019-49

中国版本图书馆CIP数据核字（2020）第042605号

责任编辑：江 飞 特约编辑：王佳新 责任印制：储志伟

中国纺织出版社有限公司出版发行

地址：北京市朝阳区百子湾东里A407号楼 邮政编码：100124

销售电话：010-67004422 传真：010-87155801

http：//www.c-textilep.com

中国纺织出版社天猫旗舰店

官方微博http：//weibo.com/2119887771

永清县晔盛亚胶印有限公司印刷 各地新华书店经销

2020年7月第1版 2023年5月第2次印刷

开本：880×1230 1/32 印张：6.5

字数：168千字 定价：48.00元

前言

现实中，你是否觉得自己虽然工作能力优秀，但是工作受挫、不被领导重用；朋友很少，鲜少有人会愿意与自己交心；情路坎坷，遇到心仪的人总也无法修成正果？那么，你是否有反思过原因出在哪里呢？

或许，你平时是一个不善表达的人，虽然工作能力强，但总被擅长与领导沟通的同事抢了功劳；为人也很善良，却总是一副木讷的样子，让别人误以为你不好接触；遇到喜欢的人，无法顺畅地表达出爱意，总是与心爱的他/她有缘无分。之所以造成这样的局面，是因为你不会有效地表达自己。

人是群居动物，没有哪一个人会脱离社会而存在。生活在群体里，势必决定了“与人沟通”成为人们每天必不可少的日程，与父母沟通、与孩子沟通、与爱人沟通、与领导沟通、与同事沟通、与下属沟通、与客户沟通，甚至与陌生人沟通。大部分的思想和信息都会通过语言这种载体传递出去，而沟通的目的在于说者将话语表达清楚、听者有效接收并理解，这才是成功的沟通。

或许，每个人都会说话，但不见得每个人都能掌握语言表达技巧。那些隐性或显性的语言表达技巧，就穿插在沟通的整个过程中，对沟通的结果往往起着非常重要的作用。懂得表达的人，往往会利用语言技巧、表达方式等辅助沟通手段，通过有声语言与无声语言的结合，将赞美、批评、幽默等表达方式融入到实际演讲、谈判等情境中，使沟通达到最佳效果。

每个人都需要提升语言表达能力，因为良好的口才可以助你赢得各方面的成功。能力欠缺者，懂得表达无疑会弥补你的缺陷，助你扬长避短，形成自我优势，更有利于展现优秀的自己；能力卓越者，懂得表达无疑是锦上添花，通过有技巧的语言表达，让能力与口才形成聚力，最大程度展现自我风采，更利于收获成功的果实。

编著者

2019年12月

目录

第01章

要想把话说得好听，先要学会顺畅表达

若想把话说得好听，需要先学会流畅表达，即先把话说清楚。有时候，一个人的能力不仅是展现出来的，还要靠嘴巴说出来。一个会说话的人，不仅可以有效地展现自我，还可以建立良好的人际关系。

用说话证明自己的能力

虽然，我们经常听到这样一句话——“能力并不只是靠嘴巴说出来的”，但是，不可否认的是，在很多时候，即便是你的能力很突出，如果没有语言表达加以呈现，别人又怎么会知道呢？所谓的有能力，有时也是靠“说话”说出来的。现代社会早已经是“酒香也怕巷子深”，更何况对于一个人所具备的能力呢？一个有远大志向且具备卓越能力的人，假如连话都不会说，他又怎么能向众人证明自己的能力呢？或许你会反驳，能力大多是通过“做”出来的，不过，对于那些埋头默默做事的人来说，若不具备一定水平的口才，那他所发挥出来的能力将会黯淡不少，甚至可以说，发挥出来的效果将减少一半。因此，如果你有能力，那么就更应该学会“当众说话”，如此，才会让你的能力得到最大限度的发挥。

小王是中学政治老师，在学校里，他可谓是最优秀的讲师了，不仅有能力，而且讲课的功夫特别棒。许多同事询问其秘诀，小王总是呵呵一笑：“秘诀就是要会当众说话，对于我们老师来说，既要肚子里有货，也要能倒得出来，即使一个老师很有学识，但若是不会说话，那他的能力是无法发挥出来的。”

对于说话，小王老师可以说是相当精通，就连当众说话里的“提问”环节，说起来也是学问颇深，他常常这样说：“我们在提问时，要分层提问，化难为易，化大为小，把课堂提问当作一门艺术，这样，我们才能够运筹帷幄地统领全局。另外，这样的提问方式也能够很好地结合学生的实际，做出有计划、有步骤的系统化的提问，层层深入地引导学生的思维纵深发展。”

举一个简单的例子：

在一次政治课上，小王老师在讲到“商品”这个概念的时候，他设计了一连串由浅入深的问题来启发学生层层深入地了解。课堂一开始，小王老师就提问：“同学们，我们吃、穿、用的物品是哪来的？”学生异口同声地回答：“市场上买的。”小王老师接着问：“那市场上出售的商品又是从何而来？”有学生回答：“劳动而来的。”小王老师继续问：“所有的物品都是劳动产品吗？所有劳动产品都是商品吗？”学生们摇摇头，却又说不上来，小王老师问：“原因是什么呢？”这样几个问题一一回答下来，使得“商品”的外延范围越来越小，逐渐显示出了内涵。最后，小王老师轻松揭示了：“商品就是用来交换的劳动产品。”课程结束后，小王老师总结说：“这样的提问方式，循序渐进，能够带领学生轻松地跨越思维的台阶，学生比较容易接受。”

老师作为一种职业，更需要当众说话的技巧，其实，在生活中，还有其他许多职业都需要当众说话，诸如导游、主持人等。对这一类职业的人来说，除了本身所具备的专业知识之外，还需要具备一项特殊的技能，那就是——当众说话。因为只有通过说话，才能证明你自己的能力，就老师来说，即便是读了万卷书，如果不懂得如何用语言展现出来，那么学生也会认为他（她）不算多优秀的老师。因此，对于此类的职业来说，尤其需要多作当众说话的练习，以此来证明自己的能力。

或许，有的人认为自己并不是老师，也不是导游，更不是主持人，只是一个做技术的员工，那自己肯定是不需要具备什么说话能力的。这样的想法是失之偏颇的，当然，如果你仅仅想成为一个默默无闻的员工，从来没有想过晋升或者是进一步增强自己的能力，那不具备说话能力也还是可以的。但是，多少人愿意平庸地在一个岗位上待一辈子呢？因此，即使你的能力只是需要“做”出来，假如你不擅长说话，或许你的功绩将会被别人抢走，又或者你始终在原地踏步。因此，为了能够让自己的能力充分地发挥出来，我们应该学会当众说话，或是向领导推荐自己，或是向众人展露自己的能力。

1.有的能力需要通过“当众说话”才能展露出来

以上我们已经说过了，有的能力是需要通过“当众说话”才能展露出来的除了我们所说过的老师、导游、主持人，还有领导者。对于一个领导来说，他的能力、威信都是通过说话才表现出来的。因此，当众说话是其必备的一种技能。

2.有能力也需要大胆“说”出来

在生活中，有的人明明具备了优秀的能力，但是，他总是表现得异常低调，似乎在等着伯乐来发掘自己。但是，现代社会，毛遂自荐的例子也不胜枚举，如果你总是不敢“说”出自己的能力，不愿意推荐自己，那么，你的一身本领也将会被埋没。

好口才为你增加成功的砝码

成功大师戴尔·卡耐基说：“一个人的成功，15%取决于专业知识，85%取决于口才艺术。”现代社会，几乎已经不存在一个不需要口才的职业，随着社会的日益发展，诸如导游、管理、服务业等，这些职业越来越重视当众说话的作用。为什么当众说话会如此深受青睐呢？其中，一个关键性的原因在于：语言的威力是做事的重要砝码。在现实生活中，会说话、会办事，别人才会接纳你、尊重你、帮助你，你的愿望才会实现。俗话说：“精诚所至，金石为开。”好的口才首先会让别人感觉到自己的热情以及诚意，只要你具备这些语言技巧，你就可以用一根头发牵动一头大象。拥有当众说话的好口才，无疑为你做事增加了成功的砝码。

三国时期，邓芝受命出使东吴。他到了东吴，孙权对他很怀疑，因此不肯接见。过了两天，邓芝给孙权写了一封书信。孙权一看，只见书上写道：“臣今到此，非但为蜀，并且为吴。若大王不愿见臣，臣就走了。”孙权犹豫不定，一些大臣也都想刁难一下邓芝。后来，孙权采纳了张昭“先给邓芝个下马威”的意见，在殿前放一个沸腾的油鼎，命武士各执兵器，站立在两侧，召邓芝入见。

邓芝听孙权召见他，便从馆舍出来，毫无惧色，昂首走入大殿。邓芝进入殿内，就对孙权说：“我特为吴国利害而来，大王却设兵置鼎，以拒一儒生，可见大王度量太小。”孙权听后，觉得很惶愧，忙令人赐坐。邓芝问道：“大王欲与魏和呢？还是与蜀和呢？”孙权说：“孤非不欲和蜀，但恐蜀主年幼国小，不足敌魏。”邓芝侃侃道：“大王为当世英雄，诸葛亮亦一代豪杰。蜀有山险关隘，吴有三江，若互为唇齿，进可兼并天下，退可鼎足峙立。如大王甘心事魏，魏必然会征大王入朝，索王子做质子，一不从命，便起大兵讨伐，那时蜀国再顺江东下，臣恐大王两面受敌，江东之地不能复有了，请大王熟思！”为赢得孙权的信任，表示诚意，邓芝又说：“若大王以为愚言是不可取的谎言，吾愿立即死在大王面前，以杜绝说客之名。”说着，撩起衣服，就装作向油鼎跳去。孙权忙令人将邓芝拦住，请入后殿，以上宾之礼相待。

在上面这个案例中，邓芝单枪匹马与吴国谈判，在大殿上，坦然直言，侃侃而谈，以自己的勇气加上言语的技巧，取得了整个谈判的成功。再回过头来想想在邓芝出发之前那镇定自若的神态，我们就可以想象邓芝肯定会凭借着自己三寸不烂之舌，将这件事做得十分漂亮，而最终的结果也确实是这样。

在生活中，任何事情都是不难做到的，当你拥有了当众说话的口才时，你在前进的路途上将会风雨无阻。

1.话说得好，做事自然会成功

在生活中，总是有人抱怨自己不会办事，本来事情办得好好的，结果一说起话来就坏事。这是怎么回事呢？在做事过程中，言语不当会坏大事儿，与此相反，假如你具备当众说话的好口才，在关键时刻，说上几句良言美语，那事情没准就会成功，这就是做事与说话之间最重要的联系点：话说好了，做事才容易成功。

2.说话也需要一定的心理策略

在做事过程中，我们需要巧用言语攻心策略，也就是要将话说到对方的心窝里，如此，才能左右逢源、应对自如。相反，不论你的口才多棒，假如不懂得一定的心理策略，话说不到对方的心里，那么说得再多也无济于事。

思维是说话的重要基石

有人或许会疑问，说话是动嘴，思维是动脑，这两者之间有关系吗？答案当然是肯定的，而且存在着很密切的关系。通常那些思维敏捷的人总是“张嘴就来”，反应速度很快，无论是自己被刁难时，还是需要回答问题时，他们都能快速地组织好语言，可谓巧舌如簧。而那些思维不够敏捷的人，说话时经常短路，反应不敏捷，经常比别人慢半拍；见解不深刻，没有创新的思维，经常是人云亦云；思维狭窄，没有新意，言语没有力度。

一个人口语表达能力的高低取决于其思维能力的强弱，如果你想提高自己的口语表达能力，那只能先提高自己的思维素质以及能力。比如，我们在说话中存在的，诸如条理不清、语言干瘪、无话可说等现象，都属于思维的范畴。

在生活中，有不少人在公众场合根本说不好话，明明是经过精心准备的，可一到了台上，脱离了讲稿，就说得结结巴巴的，甚至词不达意。如此的现象就是思维的敏捷度不够，或者说思路不够清晰造成的。和写文章不一样，说话不能停下来多作思考，而是必须一句接着一句，如此就要求我们思维敏捷，前后连贯，不能吞吞吐吐，更不能逻辑混乱。

有些场景的变化是出人意料的，对于说话者来说，如果思维不敏捷，应对不好，就会使自己陷入某种困境。这就需要说话者具备敏捷的思维，善于变换切入角度，灵活地应对和驾驭各种局面以及场景。

在一次记者招待会上，某领导面对个别记者不太友好的提问，思维敏捷的他巧用幽默来回答。如对外国记者关于腐败的问题是这样回答的："我不认为中国政府是最腐败的政府，像某些杂志所排列的次序，从来不是这样。中国的腐败案件当然要多一点，因为中国人多嘛！国民经济生产总值按人口分摊，中国比发达国家大大落后；如果腐败案件也以人口分摊，那么发达国家可就要比中国大大腐败了。"这一回答，不仅反驳了不友好的提问，同时也因为幽默含蓄，给外国记者留了面子。

那么在说话的场合，需要什么样的思维才能提高思维的敏捷度呢？首先是辩证思维，也就是正反两方面看问题，一分为二地看问题，这样就可以让你看问题更有高度；其次是分析思维，这可以让你看问题有广度，不仅看问题比较全面，而且你言之有理，因为你把问题分析开了，具体了，这样就解决了许多人无话可说的情况；最后是逆向思维，这可以让你更深层次地看问题。

总而言之，思维就是说话重要的基石，通过这几种思维方式来练习说话，假以时日，你就是一位思维敏捷的说话大师。

那如何训练出说话的敏捷思维呢？

1.掌握相当多的知识

思维敏捷来自于丰富的知识结构，你所掌握的知识越多，你说话时思维就越活跃，越敏捷，因为大量的知识让你触类旁通，左右逢源，毫无思维短路的感觉。因此你需要博览群书，不断地扩大自己的知识面，增加自己的知识量，说话之前作好充分的准备，熟悉你所需要表达的内容。

2.尽量多说

在各种场合都需要尽量地多说话，而且是主动地说话，在公司会议上踊跃发言，哪怕你给家里的老人读读报纸也可以，看完了电影或者小说，可以向朋友复述电影、小说的情节内容。这样你的思维就会逐渐敏捷，口齿也越来越伶俐。

语言就好像思维的外壳，思维则是语言的基础。说话，既需要讲究方法，又需要训练思维，如此才能真正地做到内外兼修，也才能突破说话的“瓶颈”，同时让我们的说话水平依托着敏捷的思维而渐入佳境。

掌握说话的细节奥妙

交际过程中，我们还需要掌握说话的细节奥妙。一位有教养的说话者，不仅要把握一定的心理知识，而且应该很好地把握说话的奥妙。大量事实证明，说话的魅力并不在于说得多么流畅和滔滔不绝，而在于是否善于表达真诚。同时，对于我们来说，要想获得良好的人际关系，抓住对方的心理是相当重要的。

1.抓住对方的心理

抓住对方心理是和别人交往、说服别人的重要途径。人与人之间交往中的困难点，不在于表达之难，而是在于看透对方的内心，并在此基础上巧妙地表现自己。每个人的心理都十分微妙，有时候，即使是同样的一句话，对方也会因为情绪变化而产生不同的理解。而这时候，就需要读懂对方的内心，这样才能够顺势控制其情绪的变化。

我们在实际交际中往往会遇到一些沉默、不善言辞的人，那些沉默者就是一扇关闭的门。如果我们在谈话中稍有不慎，那么对方就永远不会向你敞开心扉。怎样才能使沉默寡言的人主动向你敞开心扉呢？首先应该进入对方的内心世界。只要我们抓住了对方的心理，他们就会很容易地向我们敞开心扉。那么，如何抓住对方的心理呢？

（1）同情其处境

我们可以使对方感觉到自己十分同情他的处境。有时候，对方因为遭遇挫折而不言语，我们不妨在这个时候表示对其的同情，你可以用宽慰的语气对他说："如果我处在同样的环境，遭遇同样的事情，肯定也会失败。"你这样设身处地地为他着想，对方就不再担心你会严厉地批评他，他也会主动敞开心扉，愿意和你展开亲切的交谈。

（2）主动为对方分担

我们还应该适时抓住对方的心理。我们不能看着他不停地忙碌，而自己却无动于衷，这种事不关己、高高挂起的心理和行为是不利于沟通的。你在沟通中不能老是等对方的指示，你可以在妥善处理了自己分内的事情以后，主动地为对方分担。

（3）随时保持积极的心态

感化别人的关键在于情感、需求、本能等一些行为动机，我们不要跟对方空谈道理，那样是没有任何效果的。即使遇到了与自己没有任何关系的事，只要具备一定的契机和理由，我们也应该像对待自己的事一样表现出积极的姿态，这样才能感化别人。

2.充满真诚

当我们用十分得体的话来向对方表达真诚时，自然能赢得他人的信任，进而建立起信赖关系。一般来说，最擅长交际的人肯定不会是一个口若悬河的说话者，而是善于表达真诚的说话者。人们信赖他，自然会愿意和他交往，并把这种和谐的关系保持下去。

（1）讲话要真诚

说话成功的关键就在于在谈话时充满真诚，并将自己的心意有效地传达给对方。对于我们来说，如果讲话缺少了真诚，即便滔滔不绝、一泻千里，也会像作空洞的演讲一样，无法让对方对你产生认同感。只有当对方感受到我们的真诚时，他才会打开心扉，接受我们的说话内容，实现和我们的沟通，进而与我们形成良好的关系。

（2）自曝弱点

我们在与他人沟通的过程中，还可以通过自曝弱点来表示自己的真诚。有些人在面对他人时，往往会说自己在人际交往中很笨拙，也不会说那些好听的话，因此在讲话的过程中有什么得罪的地方或者言语有什么不妥的地方，还希望对方能够提出批评意见。其实，这就是真诚的表现。

我们可以通过表现自己的真诚，让对方迅速认同自己，进而愿意和自己保持一种良好的关系。真诚的说话者容易赢得别人的尊重，而那些不真诚的说话者往往会让人感到厌烦。

言如其人，彰显魅力

语言风格是指一个人的生活经历、艺术素养等所造成的不同的语言特色，是其通过语言表达出来的特有格调。通俗地说，语言风格就是独具特色的语言表达形式。语言是思想的载体，思想是语言的灵魂，即“言者心声”，心有所思、口有所言，这两者在一定程度上有密切的关系。因此，一个人的语言风格更容易征服人心，正所谓“善言可息怒，良言胜重礼”，要想通过语言来打动人心，就必须注重培养自己的语言风格。在语言表达中，我们常说“言如其人”，也就是说，一个人的言谈将直接体现这个人的风格。法国著名评论家布封甚至认为“风格就是本人”。事实上，语言风格就是征服人心的武器。

语言风格是一个人在语言交际活动中逐步形成的以稳定、鲜明而独特的表达手段和表达方式展现出的一种个性十足的风貌、格调。比如，在春秋战国时期，孔子的深沉精辟，墨子的严谨朴素，庄子的风趣智慧，老子的厚重激昂，他们的语言风格都各具特色。当然，语言的风格有很多种，诸如文雅敦厚、幽默含蓄、热忱大方、冷漠畏缩、呆板无趣……每个人都有自己独特的语言风格，这些独特的语言风格，可以有效地打动人心。

那么，如何才能形成自己独特的语言风格呢？

1.一句胜过十句

语言大师林语堂认为“言不在多，达意则灵”，由此可见，用最少的字句，传递尽可能多的信息，这是语言风格的必然要求。鲁迅说：“无端地空耗别人的时间，其实是无异于谋财害命的。”

2.力求简洁

简洁朴实的语言风格可以给人一种亲切的感觉，不要过多地使用“华丽的辞藻”，也不要装腔作势，而是需要说出言真意切的话语，这样才更容易打动人心。比如，“最近你好像瘦了，出什么事了吗？”亲切的问候之语立即拉近了彼此之间的心灵距离。

3.良言一句三冬暖

在人际交往中，我们要善于说美言，也就是要语气亲切、语调柔和、语言含蓄、措辞委婉，简单地说，就是要学会赞美别人。比如，“通过您的家装风格看出，您真是一个很有品位的人”，一句话就说到了对方的心窝里。

4.学会使用敬语、谦辞

我们在进行语言表达的时候，需要文明用语，规范端庄，这样的说话风格可以直接体现自己的修养、性格、气质，给对方一种平等、尊重的感觉，同时，还可以有效地影响对方心理。比如，“您好，请问您是张先生吧”“谢谢您的盛情款待，再见”“不好意思，请您帮忙拿一份文件到我的办公室，好吗”。

会说话，给人留下好印象

俗话说：“酒逢知己千杯少，话不投机半句多。”在我们的生活中，免不了要和形形色色的人打交道。每个人都想在对方的心里留下十分美好的印象，从而建立起一份珍贵的友谊。面对一些素昧平生的人，仅仅靠个人的外貌、举止、服装等外在的东西来表现是远远不够的，最重要的还是要用出众的口才来提升你的凝聚力，让别人对你产生欣赏和赞美之情，愿意和你在一起交谈，做朋友。好的口才是一个人最大的优点，不仅能够体现个人的气质，更重要的，是能够让别人眼前一亮，在兴奋、温暖、惬意等心情下对你有一种相见恨晚之感。

赵新是一家小公司的负责人，虽然他的资产并不是多么雄厚，在同行当中的实力也不是最强的，而他却能够在商海之中屡战屡胜，不仅为自己赢得一份份订单，还和不少人成为了好朋友。

有一次他去一个老板的家里谈生意，正好碰见老板父子俩在吵架。只听老板骂道："赌博赌博，越赌感情就越薄！你和你那一帮狐朋狗友整天在一起赌钱，非得出事不可！我到赌场里去，十次就有九次能看见你在那里赌钱！"老板的儿子听了，反唇相讥："你去十次，九次看见我，说明我比你还少一次！你这不是乌鸦落在猪身上——只看见人家黑吗？"老板听了，气得敲桌子，大骂儿子没有规矩，又向赵新道歉说："让赵总见笑了，这孩子都让他妈给惯坏了。"赵新说："您这是说哪里话呀，其实这位小兄弟并没有你说得那么坏，我倒觉得他是个能成大器的人，别的不说，就这份机智一般人是比不了的。"这一句话就说到了老板的心窝里，老板又是谦逊又是炫耀地说："赵总过奖了，俗话说'玉不琢，不成器'。我这个儿子，鬼聪明还是有的，只不过不愿意经受磨炼罢了。这件事我们以后再细谈，先喝酒，先喝酒。"结果，当天晚上，宾主三人频频举杯，最后尽欢而散。临别时，老板一直把赵新送了很远。

拜访别人，却赶上了对方与家人正在争吵，这本来是一件十分尴尬的事情，而赵新却轻松地化解了这份尴尬，既维护了那位老板的家庭和睦，又给了老板一个台阶下，让那位老板对他不胜感激，也对这位素昧平生的人产生了好感。

在社会交往中，每个人都愿意让别人对自己产生好感。那么，我们就应该从说话开始做起，用漂亮得体的语言来使对方的眼睛为之一亮，同时也给自己在对方心中的形象加分。那么怎么样做才能够让别人眼前一亮，对你产生好感呢？我们可以在说话的时候从以下几个方面来注意一下：

1.偶尔说点俏皮话

如果一个人整天不苟言笑，讲话也只注重信息的传达，对所谓的“废话”“套话”没有丝毫兴趣，那么他所说的话就会是干巴巴的，听他讲话简直平淡无味，没有丝毫的情趣可言。如果一个人在交际场合中能够适当地插科打诨或者讲一些无伤大雅的笑话，那么别人就愿意去接近他，把他当成可以交往的好朋友。

2.说话勿以自我为中心

我们在和别人进行交谈的时候，一定要注意对方的存在，讲出来的话要让双方都能有兴趣去听，只有这样才能和别人完成有效的思想沟通。如果在讲话的过程中，滔滔不绝地向别人讲述自己的性格爱好、人生历程之类的话题，有耐心的听者还能保持一种必要的礼貌去倾听，没有耐心的人说不定早就转身走了。假如你说话太以自我为中心的话，就会给别人留下一个轻浮、自大、自私的印象，从而让别人认为没有和你继续交往的必要，那么加深印象、提升人气的话，就只能成为一句空想了。

3.多说亲切的话

如果你说的话净是一些枯燥无味的大道理，或者满脑子“阳春白雪”的思想，经常说一些文绉绉的话，就会让别人觉得你过于喜欢伪装，从而在内心里就疏远了你。比如，在和别人寒暄的时候，说一些“路上没有堵车吧”“最近还好吧”之类的话，就会让对方觉得你把他当成了朋友，对你产生亲近感。

4.热情诚恳地说话

美丽的语言是需要一定的感情做基础的，如果失去了热情和诚恳的铺垫，任何美妙的语言在别人听来都会如同嚼蜡，毫无滋味可言。我们不妨试想一下，当一个人板着面孔说“你今天穿的衣服颜色很漂亮”的时候，将会是一种什么样的情形？因此我们在与别人说话的时候，一定要在言语之中传递出你的真诚和诚恳，这样对方就会觉得你是一个十分重感情的人，对你的印象也就自然而然地加深了。

第 02 章

表达要会把握心理，话说得恰到好处才能赢得人心

说话离不开心理学，深谙心理学，了解他人的心理，掌握语言的表达技巧，会获得最佳的沟通效果，轻易达成目的。在沟通过程中，表达要把握住他人的心理，话说得恰到好处才能赢得人心。

说话要考虑对象

塞万提斯有句名言：“说话不考虑对象，等于射击没有瞄准。”交谈也一样，一定要了解对方的个性、身份、地位、能力、人缘等，然后投其所好、避其所忌，这样才能进行良好的沟通。而在社交中，如果不知道对方的详细信息，就要学会根据对方的身份地位说话。

一千个人有着一千种不同的性格，因此面对不同性格的人要具体分析，看人说话。看人说话的技巧是在交际场合中取得胜利的不二法宝。那么具体有哪些讲究呢？

1.称呼对方有讲究

有些人更喜欢别人称呼他的职位，如“王经理”“李总”等，往往是因为他们刚升职不久，对于职位称呼还比较“虚荣”。有些人喜欢初次见面者称呼他们“先生”“小姐”，如果记得他们的姓氏，叫一声“章先生”“赵小姐”，他们会更高兴，往往是因为他们地位较高，已经不在乎职位为他们带来的荣耀。称呼文艺界的前辈不妨用“某老”，显得更加尊敬对方。社交场合，除了非常熟悉的朋友外，最好不要称呼名字。

2.注意自己和对方的地位

虽然身份不同不会妨碍人际交流，但如果不分对象，不看身份，跟谁都用一样的口气说话，无疑是幼稚无知的。对于地位比自己高的尊者，如上司、某行业的前辈、比自己更有名气的人、德高望重的长辈、为人师者等，虽然不必逢迎谄媚，但在言谈举止方面一定要表现得更尊重对方一些，多用一些"谦辞""敬辞"和"雅语"。

对于地位比自己低者，说话越随和风趣亲切越好。在一次座谈会上，某著名语言学家、学会负责人首先讲话，他说："先让我这个老猴来耍一耍，然后你们中猴、小猴再耍。我这个老猴肯定要不过你们中小猴，不过总要带个头吧！"这位报告人是位德高望重的语言学家，到会的中青年同志对他都很敬仰，但比较拘束。他以自嘲的方式来个"庄谐杂出，四座皆春"，一下子解除了大家的拘束感，会场的气氛被调节得很好。

3.注意对方的职业

对方是商人还是艺术家？是中层管理者还是高层决策人？对方的职业和社会角色不仅影响他对语言的接受能力，还直接决定你对话题表达方式的选择。是拉家常还是请教专业问题，是聊社会热点还是品评热门作品，应根据对象的不同职业作不同选择。

在社交中，我们说的话应当符合特定身份的要求，从称谓用语到措辞组句，从语气到表达方式都要不失身份，大方得体。此外，与人说话时还要分清什么时候多说为佳，什么时候少说为宜。不分场合、张弛无度有可能会招致对方的厌恶。

和谁都有共同话题

许多拜访过罗斯福的人，都会对其拥有的渊博知识惊叹不已，而且，他有个神奇的特点，那就是和谁都有共同话题。不管是纽约政客，还是一位外交家，罗斯福都知道与他谈论些什么。有人问罗斯福是如何做到这一点的，他回答："我每接见一位来访者，都会在这之前的一个晚上阅读有关这位客人所特别感兴趣的东西，以便找到令他感兴趣的话题。"心理学认为，每个人都有自己的兴趣，都对和自己有共同兴趣的人有着特殊的好感。所以，当对方听到你对他的兴趣爱好也这么感兴趣，还如此了解的时候，他就会因为对你产生"同好"心理而倍感亲切。谈论对方感兴趣的话题，无形之中是对他人的赞美与肯定，同时，也会使你获得好感，从而消除彼此的尴尬心理，达到打动人心的目的。

1.激起对方说话的欲望

在沟通过程中，我们应该率先向对方传递友好的信息，激起对方说话的欲望。当你的话题使对方产生了浓厚的兴趣，对方就会不自觉地打开话匣子。所以，当谈话出现尴尬场景的时候，一定要通过话题激起对方的兴趣，使谈话能够持续下去，比如，“看来你对书法挺有研究的”。

2.有效地提问

适时的提问会帮助你找到共同话题，当然，提问也是需要技巧的。为了不造成尴尬情境，应该把问题尽量掌握在自己比较擅长的范围之内，问题尽量具体，比如，“你喜欢去哪个国家旅行？”这样你就可以围绕旅行途中发生的趣事展开一个话题了。

3.找到对方感兴趣的话题

每个人都有自己感兴趣的事物或话题，我们不妨去迎合他的兴趣，积极主动地寻找出共同话题，这比漫无目的地乱说一通强过一百倍。比如，假如你了解到他以前是一个歌手，那么你就可以说，“那时候唱歌辛苦吗？”“感觉你声音很独特，唱歌肯定很好听。”

让对方觉得你可以信赖

在实际沟通中，要想与对方成为朋友，就要学会分享他的思想和情感；要想对方能够敞开心扉，就需要解除他的心理防线。尤其是在提问的过程中，我们要给予那些回答问题的人及时的反馈，制造出共鸣，表达对对方回答的理解之情。绝大多数人在面对陌生人的时候，都会不由自主地在心里建立起一道防线，眼神里满是戒备和冷漠。其实，如果你能够让对方感觉你们是同一类的人或者正好你们的喜好兴趣都是相似的，那么你们之间就会产生共鸣。他会觉得你是可以信赖的朋友，是可以谈心诉苦的朋友，自然就会对你敞开心扉。

那么，具体而言我们要如何做呢？

1.站在对方的角度想问题

如果我们在听取别人答案的时候，能从对方的观点去思考，站在对方的立场分析事情，就能够得到对方的认可和信赖，并促使整个沟通走向和谐。由于换位思考，可以设身处地地体会他人的难堪、苦恼，所以，在沟通过程中，我们希望得到他人的支持，希望别人能感受我们所感受的，最好的办法就是我们站在对方的立场看待问题。这样，他就能真切感受到我们与他是同一战线的，自然而然就会全力支持我们。

2.重复对方回答中的某些话语

当我们提出问题之后，对方定会针对我们的提问作出一些回答，这时我们应该仔细倾听对方的回答，并适当重复这其中的某些话语，表达出自己的理解之情。这样，对方就能感觉到我们内心的真挚，自然会对我们产生好感。

在沟通过程中，双方是很难在一开始就产生共鸣的，尤其是当我们试图说服对方或者对他人有所求的时候。那么，如何从中寻求到共鸣呢？共鸣是一种强烈的心理感应，意味着双方之间有共同的心理体验。所以，当对方在回答我们所提出的问题的时候，我们需要及时给予反馈，表达出对对方回答的理解之情。

适当倾听，捕捉更多有效信息

沟通是双方通过语言或非语言来交流思想感情的过程，因此，在沟通过程中，我们不仅需要说话，也需要适当地聆听。是否能够通过语言来影响对方心理，关键在于你是否悉心聆听了对方。良好的聆听会为你捕捉到许多有效的信息，而这些信息将决定你是否能够成功地探知他人心理。说话是一个传递信息的过程，把话说到位，不仅有利于准确表达自己的思想，还有利于让自己的思想被对方所接受并产生共鸣。换句话说，把话说好，关键在于把话说到对方的心坎上，以此影响其心理。那么，如何把话说到对方的心坎上呢？这就需要我们善于通过聆听来洞悉对方的心理需求，再利用语言将自己的思想传递给对方，满足其心理需求，达到影响他人心理的目的。

在沟通过程中，我们需要积极地聆听，让对方尽可能地传递出更多有效的信息，以听出对方的兴趣点，这样我们才有机会把话说到对方的心坎上，从而影响其心理，最终赢得对方的信任。

因此，在倾听时，我们应该做到：

1.表示理解

有时候，即使我们不能认同对方的做法，也需要表示出理解，如“您说得很有道理，我非常理解您”“谢谢您，如果我站在您的位置，也会有与您一样的想法”。话说到了对方的心坎上，他会不自觉地受你影响。

2.维护对方的自尊心

美国著名的哲学家詹姆斯曾经说过：“人类天性的至深本质就是渴求为人所重视。”当觉得对方的表述失之偏颇的时候，我们需要维护对方的自尊心，尽量以委婉的表达方式传递这样的信息，如“您说得非常有道理，但我相信，每个企业，毕竟都有它存在的理由”。

3.向对方表达具体而新颖的赞美

每个人都渴望别人的赞美与认同，当我们察觉出对方有这方面的心理需求的时候，就要给予具体而新颖的赞美之词，比如，“您的声音真的非常好听”“听您说话，我就知道您是这方面的专家”“跟您谈话我觉得自己增长了不少见识，谢谢您了”。这些恰到好处的赞美会触动对方的内心，继而赢得对方的信任，最终达到征服人心的目的。

学会用幽默化解自己的过失

生活中，我们常常看到这样的场景：公交车上的乘务员报错了站，主持人站在台上忘记了台词，聚会上说错话，等等。这些都是人们的失误，也是他们在各自岗位上所出现的过失。人无完人，处在社交中的我们，常常也会犯各种各样的错误。用幽默来解释自己的过失，不仅可以为自己挽回面子，而且可以得到大家的原谅和理解，营造良好的氛围。

其实，在日常的社交生活中，我们每个人都是制造幽默的主角，我们会不自觉地因为他人的幽默而开怀大笑，我们也会无意间说出一句让众人会心一笑的话。人们都是崇尚快乐的，幽默便有这种力量，它能使人忘记烦恼，用快乐的态度看待生活，看待事物。

因此，我们在人际交往中出现过失的时候，如果也能幽默一番，那么，对方也会原谅我们，一切看来都云淡风轻了。所以出现过失不要急于忏悔，更不要自暴自弃，用上一些恰如其分的幽默，不仅在轻松地氛围中给出问题恰当的解释，而且扫去了人们以及自己心中的阴霾，这样的解释要比长篇大论的郑重道歉强上许多。

所以学会用幽默解释自己的过失，意义十分重大，不容忽视。然而，我们还必须看到的一点是，以幽默获得他人的理解的第一步，还是需要我们做到有勇气正视自己的失误。

2010年温哥华冬奥会在落下帷幕的时候，国际奥委会主席罗格用“卓越和友善”高度评价了那届冬奥会，并把奥林匹克五环旗交到下届冬奥会举办地俄罗斯索契的市长纳姆索夫手中，然后闭幕式就开始了。

在开幕式上有一个小花絮，就是一根因为工作人员的某些失误没有竖起来的欢迎柱。闭幕式的大幕拉开时，火炬台以开幕式时“残缺”的状态搭建着，开幕式上的失误，就这样被组委会再度摆在了世界观众的面前。这时一个装扮成电工的小丑蹦跳着来到会场，来到没有竖起的那根欢迎柱的大坑前，他装作在检查的样子，最终找到了故障原因。他如释重负般将电源插好，拍拍手，开始试着将那根硕大的柱子从地下拉起来。在小丑卖力的拉动之下，那根欢迎柱缓缓竖起来了，并且缓缓地和其他几根欢迎柱搭建在一起。

随后冬奥会开幕式主火炬手勒梅·多恩被小丑请进场，她随即点燃了奥运火炬，奥运圣火熊熊燃烧。

开幕式上的失误，就这样以一种幽默而伟大的方式解决了。而有两次点火经历的奥运会，恐怕也是史无前例的。全场观众都沸腾了，他们为组委会这样勇敢地直面错误，并以幽默来化解尴尬的行为而欢呼。

当然，幽默是智者的游戏，如果你没有敏锐的反应能力和组织语言的能力，那么，制造幽默以获得他人理解是很难做到的。

第 03 章

表达要委婉动听，嘴下留情话才动情

日常交际中，说话直截了当是一种直率美，但说话委婉也另有一种含蓄美。当说话的内容或目的可能涉及他人的利益、隐私，或大家共同的忌讳时，用直接、清楚的表达方式可能会带来不愉快的后果，这时就应该委婉含蓄地表达。

多用含蓄的语言表达

在语言沟通的过程中，含蓄是一种美妙的言语。含蓄是在以坦诚开放的态度来对待他人的同时，也尊重他人的感受。含蓄地表达是一种语言的艺术，委婉含蓄地表达比口无遮拦、直截了当更能体现一个人的语言修养。所以，无论什么时候，说话都要注意方式，多用含蓄的语言表达，能让人们之间充满友好和谐的气氛。

1.含蓄表达，对方更容易接受

开门见山的语言虽然简单明了，但给人的刺激性太大，不容易被对方所接受。比如，导购小姐在向顾客介绍衣服的时候，经常会说“你的脸盘比较大，适合穿这种领子的衣服”，结果招来顾客的白眼。假如说“你是不是觉得穿上这种领子的衣服会显得更漂亮”，那么，顾客就会欣然掏钱包了。

2.绕个弯，曲径通幽更美

直言直语有时是一把伤人伤己的双面利刃，这时候，不妨绕个弯，让自己的语言表达更得体更完美。比如，正话反说，硬话软说，让自己的舌头打个弯，这样的语言听起来会更加美妙。

3.含蓄能够避免尴尬

巧妙地运用含蓄的语言来表达自己的想法，看似说得轻描淡写，实际却说出了问题的关键，这样可以帮助我们避免一些尴尬。比如，朋友遇到困难就逃避，或者做事总是犹豫不决，你可以含蓄地说“这样好像不是你以前的表现啊”。

绝大多数人都是自尊心很强的，你对他人的批评的话，说得太直接会伤到他人的面子，会让他对你产生反感。话说得太直接只会伤害自己和他人之间的友谊，对自己的工作与生活都是没有好处的，这是应该注意的问题。

口下留情，给对方留面子

民间有句俗话，“打人不打脸，骂人不揭短”。记得在二十世纪七八十年代，那个时候大家还习惯于从事安稳的工作，大部分工厂里都有职工宿舍。大家白天在一起上班，晚上在一幢楼里睡觉，几乎每家每户有点事，很快就会在工厂里传开了。正是在这样的生活背景下，人们几乎没有隐私权，说得夸张一点儿，薄纸皮一样的墙，隔壁有点风吹草动都能知道。如此一来，大家难免经常发生矛盾，而且全是些鸡毛蒜皮的小事。当火气冲到脑门上的时候，人们就会口不择言，恨不得把自己的话变成刀子，一下子扎到对方的心尖上。这时，赶来劝架的邻居们往往都会说，打人不打脸，骂人不揭短。每当这样的一句话说出来，似乎有着神奇的效用，当事人只要没被气疯，一定会马上恢复一些理智，不再口不择言。由此可见，即使在盛怒之下，他们也还是知道“打人打脸、骂人揭短”的恶劣后果的。

在几千年的历史沉淀中，劳动人民总结出很多形象生动的生活真谛。诸如，“人活一张脸，树活一张皮”。由此可见，脸皮对人是至关重要的。所谓骂人不揭短，其实也是为了给人留下颜面。很久以前，古人就非常注重尊严。的确，要想作为一个人屹立于世，就一定要维护自己的颜面和尊严。现代社会，虽然言论自由，人们有权利表达自己的任何想法和意见，然而，人际交往依然是有底线的。无论多么生气，哪怕你想与对方彻底绝交，都没有必要打脸、揭短，把他人逼到绝境之中。否则，等你怒气消散，想要回头时，已经没有机会了。很多时候，我们尊重他人，就是尊重自己。如今有很多心态失衡、脾气暴躁的人，口下留情，在给别人留脸面的同时，也能有效保护其自身，避免逞一时口舌之能，遭意外之灾。

很多时候，我们的确因为一些事情被他人气得七窍生烟。然而，人非圣贤，孰能无过。只要是人，只要活在人世间，就总会犯这样或者那样的错误。真正毫无缺点、处处完美的人，是根本不存在的。想明白这一点，我们就无须过于计较。生活，原本就是充满漏洞的系统，我们，则像是计算机的编程人员。我们必须努力地寻找漏洞，弥补缺憾，才能更好地欣赏自己和他人。作为得道高僧，印光大师曾经说："静坐常思己过，闲谈莫论人非。"作为普通人，我们更应该时刻反思自己，不要随意评论他人，更不要谈论他人的隐私，也不要让别人无地自容。否则，结局的惨烈一定会超出你的想象，而且让你无法应对。

人生在世，原本活着就很艰难。每个人都有自己过往的历史，或者光彩辉煌，或者不值一提，或者还有着不为人知的心酸。我们不但要接受自己的缺憾，也要学会宽容、理解和体谅他人。面对别人刻意想要遗忘的过去，如果当事人自己不提起，旁人最好保持沉默，三缄其口。很多时候，说话不加选择，说那句话的人，往往心里也是非常阴暗的。虽然他们的话给别人造成了伤害，他们所不知道的是，他们自己也因为这些话暴露了阴暗面。古人云，三人成虎。如果因为你的一时口快，导致谣言大范围传播，最终甚至伤害当事人的性命，那不得不说你罪过大焉。

总而言之，不管在什么场合，也无论自己多么生气，都不要揭开别人的伤疤，暴露别人不想让他人知道的过往。要知道，宽容别人也就是宽容自己，当你故意"哪壶不开提哪壶"时，你无形中就为自己树立了一个敌人，最终必将为自己的口无遮拦付出惨重的代价。做医生要有医德，做老师要有师德，做人一定要有口德。口下积德，善莫大焉！

恰当时机，解除误会

职场中，难以避免地会被误解。这是因为，老板总是以效率和收益为根本的评判准则，很少去关注细节的问题。在同事之间具体协调的过程中，如果协调不到位，或者分配不合理，就会导致某个环节的人因此而背黑锅。那么，在职场中遭遇误解时应该怎么办呢？也许有人会说，当然要一刻也不耽误地去找领导解释，否则一旦时间长了，即使解释领导也不相信。毫无疑问，这是一个急脾气的人。与急脾气的人恰恰相反，有些慢性子的老好人，虽然被误解，也不急着作解释。他们似乎已经习惯于默默无闻，或者说领导的好评和差评在他们心里并不重要。这两种做法都是不可取的。归根结底，每个人工作不但是为了挣钱，也是为了事业的发展。倘若经常遭遇误解，被领导误以为是一个平庸的无能之辈，岂不是再无出头之日了吗？总而言之，不管是当机立断不管不顾地找领导辩解，还是永远沉默下去，都对于我们的职场生涯无利。最好的办法是，找到恰当的好时机，和领导解释真相。这样既不至于招致领导的厌恶，又洗清了自己，正所谓一举两得。

解释真相，选择好时机是非常重要的。举例而言，假如一件事情发生之后，原本领导就为了解决问题而焦头烂额，你在这时缠着领导，让领导听你解释，这不是自找难堪吗？再如，你明明知道自己是被冤枉的，却直到领导都忘了这码事，才和领导说起，结果领导丈二和尚摸不着头脑，尴尬自然是难以避免的。要想选择合适的好时机，我们首先应该了解领导的作息安排。有些领导喜欢午休，在领导睡得正香的时候敲门打扰，当然不合时宜。有些领导每天上午集中处理公务，下午时相对清闲，聪明的人都知道应该选择下午去和领导汇报。此外，还有很多不期而至的好时机。例如，领导钦点你和他一起招待客人，陪客人吃饭喝酒，四处游玩。那么，你完全可以在领导高兴的时候，装作漫不经心地说出来。这样一来，不但显得你大度，也避免了招惹领导心烦。总而言之，机会随时都会出现，重要的是我们要成为有心人。

米粒大学毕业后，进入一家金融公司实习。作为实习生，她一直非常小心，处处都很勤奋努力，用心表现。有一天快下班时，和米粒同期的实习生艾雪请求米粒："米粒，我今天晚上有点儿事情，想准时下班。但是，我还有个报表没做完，你看你能不能……"米粒是个特别好说话的姑娘，马上毫不迟疑地说："没关系，我帮你做吧。你把你做完的那部分发给我，我来接着做。反正，我下班早也没什么事情。"艾雪高兴极了，再三感谢米粒。把做了一半的文件发给米粒之后，她就高高兴兴地下班了。米粒熬到深夜才帮助艾雪做完文件，并且连夜发给了主管。

第二天一大早，主管怒气冲冲地找到艾雪，说："你是怎么工作的？你看看你做的报表，有一个重要数据居然错了。你知道这意味着什么吗？如果这份报表交给客户，是要承担巨大损失的。”艾雪嗫嚅着说：“主管，这份报表我昨天有事，就拜托给米粒做了。”主管让艾雪喊来米粒，对着米粒劈头盖脸一顿数落。米粒的眼泪在眼圈里直打转，她不知道应该如何为自己辩解。最终，主管让米粒下班之前必须把报表仔细检查一遍再上交，米粒又度过了一个加班的夜晚。几个月之后，米粒凭借着勤奋刻苦的精神留在了公司。有一次，主管私下表扬她说：“米粒，你们那几个实习生里，我最看好你。你果然没让我失望。”米粒笑着说：“主管，其实我也让你失望过一次。上次，艾雪因为有事，让我帮她完成她做了一半的报表。结果，我误以为她已经检查过她做的那部分了，便在熬夜做完之后只检查了我做的那部分，就给您发过去了。后来，因为我工作的疏忽，艾雪做的那部分报表出现数据错误，可把您气坏了呢！”听到米粒说完，主管惊讶地说：“哎呀，你这个丫头，当时怎么不说呢！我看你眼泪在眼圈里直打转，还以为你是意识到自己的错误了呢！”米粒大度地说：“嗨，不管是艾雪做的，还是我做的，主要是因为我上交之前没有通篇检查。我想，这对我也是一种警醒。现在，不管是什么样的文件，只要是经我手的，我都是逐个小数点地校对完毕，才敢上交呢！”听完米粒的话，主管欣慰地笑了，说：“看来，这就是成长啊！”

米粒选择说出真相的时机非常好。此时，艾雪已经结束实习期离开了。米粒在和主管一起私聊的时候，在漫不经心间说出这件事，一则表现出她的大度，二则说明自己的确成长和成熟了许多。这样一来，主管会因为米粒的敢于承担责任，更加欣赏米粒。

朋友们，人在职场，你们是否也经常受委屈呢？不管在什么情况下，你们都要记住一个原则，即解释真相一定要等到合适的好时机，否则就会导致事与愿违。从现在开始，就让我们更加努力地为自己的成功创造条件吧。处处留心皆学问，只要我们成为生活的有心人，一定会取得突飞猛进的发展！

有效包装你的语言

语言常常是很残酷的，就像是一把锋利的刀子，甚至要把人的心尖剜掉。既然语言拥有这么强大的力量，我们一定要谨慎地使用语言。俗话说，会说说得人笑，不会说说得人跳——这还不是最严重的，最严重的是，语言能够将人刺激致死，也能融化人心底里的千年寒冰。好也是它，坏也是它，而能左右语言的，是我们的心灵。很多时候，当我们不得不说出残忍的真相时，何不包装一下语言呢！至少，让它看起来平缓柔和，不那么直戳人心。

前文说过，语言是人与人之间交流的介质。倘若能够灵活运用语言，我们的交流就会更加顺畅。相反，假如总是词不达意，或者说起话来让人心里难受，只怕人际关系的发展会处处碰壁，很难如愿以偿。尤其是社会经验丰富的人，感受会更加明显。同样的一件事情，由不同的人以不同的语言表达出来，效果大相径庭。因此，当我们打着真诚的旗号想要结识更多的朋友时，千万不要觉得只要真诚就足够了。虽然内容很重要，但是形式同样不容忽视。

王强一边盯着手里的百度地图，一边四处游荡。他刚刚调到这个城市的分公司不久，因此总是趁着闲暇时间熟悉周边的环境。正当他全神贯注地寻找一家超市时，突然一个背着背包、大学生模样的女孩拦住他。女孩开门见山地说："您好，先生，我是红十字会的志愿者，正在进行募捐活动。如果您捐款，我们会送您一个徽章作为纪念。"王强被这女孩直截了当的表达弄蒙了，一时回不过神来。他仔细打量女孩，看到女孩的确穿着红十字会的衣服，也拿着红十字会的徽章。但是，他很犹豫。现代社会骗子横行，他怎么才能确定这个女孩的真实身份呢！他犹豫了，最终拒绝了女孩的请求。他漫无目的地走着，思来想去，觉得这个女孩应该真的是红十字会的志愿者在进行募捐。然而，他又想：这样募捐，只怕收效甚微。

王强走了一圈，居然回去寻找女孩。果不其然，经过他的一番观察，给女孩募捐的人少之又少。这时，王强走上前去，说："你好，我觉得你可以换一种方式表达，效果也许会更好。"说着，王强开始教女孩表达的技巧。在王强的指导下，女孩对着从不远处走过来的一位男士说：“先生，您好！非常抱歉，耽误您宝贵的一分钟时间。我是中国红十字会的志愿者，南开大学的学生孟雪。今天，我们为了汶川地震进行募捐，希望您能停留下来了解一下。不管您捐献多少善款，我们都会赠送您一枚红十字的徽章，感谢您为汶川灾区贡献自己的一份力量。谢谢您！”听完女孩说话，那位男士略有迟疑，之后掏出钱包捐了二十元钱。女孩受到很大的鼓舞，连连感谢王强。就这样，一个上午下来，女孩居然募集到几百元的善款，这让她非常激动。分别在即，女孩再次感谢王强。当然，王强也没有忘记捐出五十元钱，为灾区贡献自己的一份爱心。

在没有包装之前，女孩的表达方式是开门见山式的。她根本不在乎对方的感受，只是一股脑地说出了自己的需求。经过包装之后，她的语言显得不那么咄咄逼人了，而且能够从他人的角度考虑问题，更加体贴。当然，她的语言也更加有礼貌，消除了捐款人关于捐多少钱的心理压力。如此一来，她的募捐效果自然大有改观。这就是包装语言的重要性。同样的事情，即便是由同一个人来说，如果语言表达方式不同，也会给人留下截然不同的印象。

生活要想变得更加美好，就应该有更多的人加入包装语言的队伍中来。这就像是夫妻关系。有些夫妻说起话来就像打机关枪，一辈子打打闹闹，没有一天消停的时候。有些夫妻则完全不同，他们相敬如宾，举案齐眉，说话从来连脸都不会红的。人际关系也是如此，要想与他人搞好关系，就应该努力改变自己的语言方式，作出高情商和高智商的表达。要知道，当别人还不了解你时，你的语言就是你的名片，你的语言也最生动地向别人传达了你的敬意。

潜移默化地影响对方的观点

生活中，我们常常看到一些人为了不同的观点争得面红耳赤。他们都想让对方听从自己的，却不知道对方的想法和他一样。在这种情况下，如果因为争执伤了和气，显然得不偿失。最好的办法是不要争执，如果你认为自己是对的，就潜移默化地把自己的意见移植给对方。要知道，人们对于他人强加给自己的意见总是特别排斥，就像身体本能地排斥异物一样，思想也不喜欢被强加。但如果是对于自己发自内心的想法，则完全不同。这就像是父母对待孩子，自己生的孩子，怎么看都喜欢，都高兴。别人的孩子呢，可能怎么看都不顺眼。因此，当你潜移默化地把自己的意见移植给他人之后，他人一定会把它当成自己的孩子，越看越喜欢。这样一来，他的执行力也会大大增强。由此可见，把意见移植给他人，才是彻底解决问题的最好办法。

人们往往都有这种体验，过度地争执，虽然说是对事不对人，但是依然会在不知不觉间伤害感情。因此，避免争执是完全有必要的。当然，不争执并不意味着放弃自己的观点。很多时候，越是争执，对方的防范心理和抵触心理越强。如果能够心平气和地解决问题，让世界充满和平，岂不是更好吗？常言道，树是死的，人是活的。人之所以和树不一样，就是因为人拥有灵活的思维，能够根据情况想出最合理的办法，解决问题。倘若世界上的人都是不会拐弯的一根筋，那么这个世界一定会整日纠纷不断，再也没有和平可言。其实，不管遇到什么问题，解决问题才是我们的根本目的。无论我们多么着急，都不能本末倒置，因为争执而伤了和气。否则，一定会得不偿失，追悔莫及。

对于进入青春叛逆期的淘淘，妈妈在与他无数次摩擦和碰撞之后，终于找到了合适的方法驯服他。刚开始，不管妈妈说什么，淘淘都是不加选择地反对，反对，再反对。因为渴望独立自主的他，潜意识里认为妈妈不管提出怎样的建议，都是为了控制他。如此一来，母子关系怎能不紧张呢！后来，妈妈发现淘淘其实并不是反对她提出来的合理建议，而只是反对她。因为这些建议是妈妈提出来的，所以不管是否合理，淘淘一律反对。了解这一真相后，妈妈决定换种方式与淘淘相处。

淘淘准备和同学一起去游乐场玩。妈妈原计划给他准备苹果作为零食水果带着，不过，妈妈知道如果明确提议苹果，淘淘一定会百般不乐意。因此，妈妈首先说：“淘淘，你们去游乐场得带水果吧，你觉得带葡萄怎么样？”淘淘皱着眉头说：“葡萄合适吗？”妈妈笑着说：“也是哦，葡萄水大，皮薄，容易挤碎。那你觉得带樱桃呢？”淘淘又说：“樱桃有核，我还要带其他东西，哪里能腾出手来拿核啊！”妈妈思来想去，说：“也是，我觉得你应该带富含维生素，但是又不会被挤烂，而且比较好拿的水果，梨子？那我得下楼买。”这时，淘淘灵机一动，说：“不用下楼啦，妈妈，咱家不是有苹果么，而且完全符合要求。”“淘淘，你可真聪明。你的选择是明智的，妈妈支持你。”妈妈高兴地说。就这样，淘淘高高兴兴地拿着妈妈给他准备的苹果，和同学一起去游乐场玩了。

虽然只是生活中的一件小事，但是妈妈成功地把自己的想法移植给淘淘的做法值得我们每个人借鉴。经历过孩子青春叛逆期的父母一定知道，这个时期的孩子简直就像个刺猬，不管父母说什么，他们都不由分说地对着干。原本想让淘淘带苹果吃的妈妈，只好拐弯抹角，引导淘淘自己说出带苹果的好主意。这样一来，淘淘既不会叛逆，妈妈也顺心如意。不过，这可是需要技巧的。在使用这个方法时，我们一定要了解自己的谈话对象，知道我们说出一个提议之后他会作何反应，这样才能未雨绸缪，一步步地引导他说出我们的想法。

生活中，我们经常会因为各种各样的事情，与他人产生分歧。当语言的正面沟通无法起到预期作用时，尤其是我们面对的是一个倔强的人时，与其费尽口舌地说服他，不如潜移默化地把自己的观点移植给他，这样一来，彼此都不会觉得尴尬，又达到了目的，可谓一举两得。

谦和有礼，得理要让人

何为君子？自古以来，男性都以自己被形容为君子而自豪，但是，有多少人真正了解君子的含义呢？后来，随着西方思潮的涌入，男性朋友们与时俱进，开始向着绅士的方向努力，希望自己成为真正的贵族和绅士。然而，有名人说了，三代才能成就一个贵族。这无疑告诉我们，贵族并非想当就能当的。总而言之，君子也好，绅士也罢，甚至只是精神上的贵族，都需要我们潜下心来，提升自己的综合素养，提高自己的气度涵养。古人云，宰相肚里能撑船，但是即便是宰相，也未必能被尊为君子。由此可见，气度只是成为君子的必备条件，除此之外，君子还应该谦和有礼，宽容博爱。

生活中，很多人以君子自居，可一旦遇到事情时，马上就会表现出本来面目。尤其是有些男人，小肚鸡肠，斤斤计较。这样的男人，无论如何也无法成为君子。君子所为，表现在很多方面。有一种情况，一定能被称为君子，那就是得理让人，以德报怨。和那些得理不饶人的男士相比，有些男士虽然占理，却不会一味地讲理，与他人辩驳。要知道，所谓的道理无非是人们衡量很多事情的天平。然而，每个天平的准星未必都是一致的。因此，我们既要学会欣赏他人，也要学会接纳他人的不同意见和看法。真正的君子，得理也会让三分。甚至在遭到伤害时，他们也能做到一笑置之，不计前嫌。这才是真君子。这种君子的气度和胸怀，必然使君子得到更多的尊重和敬爱，也使君子成为人群中最夺目的明珠。怎么样，你觉得自己具备成为君子的品质了吗？

马玉是个特别老实的人，也很善良。在和美丽的妻子结婚之后，马玉一直心甘情愿、无微不至地照顾妻子。然而，妻子总是嫌弃他没本事，挣不到很多钱，因而整日对他颐指气使，横鼻子竖眼睛的。结婚四年多时，妻子怀孕了。马玉高兴极了，每天都鞍前马后地伺候妻子，给她做各种好吃的。然而，在妻子生产之后，马玉意外得知这个孩子不是他的，而是妻子和初恋情人婚外情的产物。得知这个消息，马玉简直如同遭受晴天霹雳，整个人都失魂落魄。一气之下，他打了妻子一个耳光。妻子抱起孩子，跑进了茫茫的黑夜中。

冷静下来之后，马玉很担心妻子和孩子，因而出门寻找。然而，一个噩耗传来，妻子在奔跑中被车辆撞倒，离开了人世。孩子虽然也受到伤害，但是经过抢救顽强地活了下来。马玉懊悔不已，他一个人默默地开始抚养这个孩子，作为对妻子的赎罪。他没有再娶，因为他怕孩子受罪。就这样，直到孩子顺利考上大学，马玉才把事情的真相告诉孩子。孩子感激涕零地说：“爸爸，你永远都是我爸爸。妈妈的死不怪你，你是真正的君子。”

在面对妻子与初恋情人发生婚外情所生的孩子时，马玉最初感到愤恨，甚至一气之下打了妻子一个耳光。意外总是不期而至，妻子被车辆撞到失去了生命。至此，马玉不再恨妻子，而是对这个无辜的孩子充满怜爱。为了这个孩子，他终身未娶，把自己一生的心血都倾注到孩子的身上。如果他的妻子在天有灵，也一定会感谢马玉。不可否认，马玉是君子。他以德报怨，不但没有丢弃孩子，反而尽心竭力地抚养孩子，这绝非普通人能够做到的。

生活总是喜欢与我们开玩笑，在一个又一个波折面前，我们是选择随波逐流，还是选择坚定自己的内心，坚守自己的灵魂？真正的君子，不会以牙还牙，而是坚持自己的原则做事，对得起自己的良心。尤其是在大是大非面前，君子一定会坚持正义。然而，生活中哪有那么多的大是大非呢？在大多数人都变得越来越冷漠时，唯有君子，保持着一颗温暖的心来对待他人，接纳世界。

第04章

学会运用肢体语言，让你的表达更有吸引力

人们每天的平均说话时间仅占与人交往时间的10%，而与人交往的其他时间，都在无意有意地进行着身体语言的沟通。在沟通过程中，仅仅靠语言是远远不够的，还需要借助目光、面部表情、手势、动作等肢体语言，以增强口头表达效果。

用对表情，表达内心感受

小军从小身体非常虚弱，常常被小朋友欺辱，为此妈妈总是带着他去锻炼身体，希望通过锻炼能增强他的体质。小军七八年来一直坚持着，从来没有放松过。但是时至15岁的小军一点也没有变强壮，常常被同学们耻笑为：一棵弱不禁风的小草。班上一些女同学还开玩笑地说，要保护小军。

为此，小军常常感觉抬不起头来。在这次学校举行的运动会上，小军发誓一定要证明给全班同学看，自己是铁骨铮铮的男子汉。妈妈是学校的老师，也为小军鼓励加油。小军报了2000米的长跑，他觉得他应该没问题，毕竟有七八年的锻炼了。

比赛当天，小军信心十足。一开始他就把别的同学远远地落在了后面，可是渐渐地，他感觉有些支持不住了。两条腿像灌了铅一样，怎么也迈不动。后面的同学渐渐地赶上来了。突然间，小军一个踉跄摔倒在跑道上，他实在跑不动了。

就在他打算要放弃的时候，耳边突然传来了妈妈的加油声。小军挣扎着爬起来，一抬头的瞬间，看到不远处妈妈期待的眼神，熟悉的加油声："小军，爬起来，坚持下去，不要让别人看不起。"听到妈妈的这句话后，小军浑身充满了力量，他一跃而起，迅速追了过去。就在最后的三秒钟，小军抢先碰到了终点线。小军赢得了最后的冠军。

从那之后，再也没有同学嘲笑小军了。他成了班里的大英雄。

一个人在软弱的时候，需要别人的鼓励和加油。其实不用别人说什么，仅仅一个期待的眼神就足以让他为之一震，从而有了继续坚持下去的理由。在人与人交往的过程中，肢体语言扮演着非常重要的角色。尤其是面部表情的交流直接连通着心灵的沟通。我们除了会观察别人的表情之外，还要会用面部表情表达内心的感受。对于年轻人来说，鼓励别人帮助别人才能获得更多的朋友，才能使身边的关系更加融洽。那么，到底该如何用表情来和对方进行心灵的交流呢？

1.用微笑表达开心

一般情况下，一个人微笑表示这个人内心很愉悦，很开心。所以，在表达自己开心的时候，要微笑。在人际交往中，如果你感觉到和对方交往让你的心情舒畅，那么就给对方一个微笑。别人从你的微笑中获得了被肯定的信息，和你的交往和谈话就会继续进行下去。这说明双方的交流进行得很顺畅。被别人肯定是件愉悦的事情，对方内心愉悦，再把这份快乐反馈给你。如此一来，双方在传递彼此快乐的同时，获得了心灵的沟通。一般情况下，这是正常，也是成熟的交往方式。

2.用眼神表达悲伤

一个人内心深处的不愉快，往往会从表情上传递出来，更准确地说应该是从眼神中流露出来。俗话说眼睛是心灵的窗户。尤其是悲伤和绝望的时候，眼神伪装不了，也掩饰不了。所以当你和别人交往时，如果发现对方的眼神中流露出悲伤和绝望的时候，那么对方内心深处一定有什么事情。这时候要及时给予对方帮助和安慰。因为对方内心深处需要别人的帮助。同样，当你遭受生活的挫败和命运的挫折后，内心的失望和悲伤往往需要有人来分担。这时候如果有人在你身边倾听你的倾诉，安慰你，你一定会心存感激。

3.用嘴巴表达拒绝

很多时候，当一个人内心深处对某个人、某件事不满意的时候，往往会保持沉默，用沉默来表达拒绝。你和别人交流的过程中，如果发现对方始终没有过多的热情，始终保持沉默，不怎么说话，那么你就要注意了。有可能是你所说的话，或者所持有的观点引起了对方内心深处的不满，对方在用沉默来抗拒你。这时候一定要及时解开对方心中的疙瘩。当然，如果你对别人说的话，或者是做的事不满意，又不好意思直接拒绝，不妨采用沉默的方式，让对方感觉到你的不满。这就是所说的用嘴巴表示拒绝。

眼神交流，传递无声信息

在说话过程中，许多人很容易忽视眼神的交流，他们通常是埋头看讲稿，或者仰着头看天花板，似乎那些东西比听众更重要。当然，造成这种现象的原因有很多，有可能是内心胆怯，不敢跟听众进行视线接触；也可能是个人习惯所致。但无论是出于什么样的原因，假如你在整个说话过程中，都忘记了去注视听众，将会直接导致你沟通的失败，不管你的说话水平有多高，内容有多精彩。因为你忽略了最关键的一个环节，这会让听众感觉不受重视，或是认为你太过于胆小，或是认为你根本是心不在焉。如此一来，如同你刻意地躲避他们的视线一样，他们也会自然地忽视正在说话的你，转而去做另外的事情。

对许多北美人来说，在公开场合说话时，最重要的一件事就是眼神的交流。因为与听众眼神的真切交流会为你开拓新局面，提起听者的兴趣，获取听众对你说话效果的反馈。对于美国人来说，他们更喜欢在开始说话之前进行眼神交流。当轮到你上台说话时，需要暂停一下，先看看你的听众，这时眼神在无声无息地传递着信息。在眼神里，你可能正在传达这样的语言："我对你们很感兴趣，请听我说，我有一些东西想要和你们分享。"这样下面的听众才不会厌倦地带着书本离开说话现场。

一位老师讲述了这样一件事：

“一天下午去听了实验室一位同学的研究报告，我发现他在报告的过程中，视线几乎没有离开过电脑屏幕，只是一味地讲课，尽管不是照着那课件念，但我还是觉得缺少了点什么。

“这让我想到了几个月之前我曾参加的一个学术会议，当时轮到我上台发言时觉得很紧张，而且觉得自己经验不足，因此在整个过程中我头也不抬，只是盯着电脑屏幕自顾自地讲话，很快就讲完了。之后有个专家提问环节，如今对于那些专家提出来的关于学术上的问题我已经模糊不清了，但我记住了一个外国专家给我的建议，他说：‘我不知道你是因为紧张还是其他什么原因，但我建议你下次作报告时与听众要有眼神上的交流。’那位外国专家的建议令我十分受用，这让我在上课时更加注重与学生们的眼神交流，自然我的教学水平也因此得到了提升。”

实际上，与听众在眼神上的交流可以让你明白听众的一些心理活动，是同意，反对，还是疑惑，依据听众的这些反馈，我们可以适时地调整说话进度和重点，从而获得一个很好的说话效果。

在对你的说话材料足够熟悉的基础上，你可以尽可能频繁地与听众进行视线接触。如果你的眼睛一成不变地盯着窗外或看着天花板，听众的注意力就会被你从演讲内容上引开。过了一段时间，听众关注的焦点开始转移，他们并没有认真听你说话。而与听众视线接触还需要掌握技巧，直视他人的脸意味着坦率和感兴趣，而目光游移或者躲躲闪闪则被认为是心怀鬼胎或狡猾诡诈。

通常说话者与听众进行的眼神交流，不是仅盯着前排或一两个听众，而是所有的听众。而且，这样的眼神交流是绝对真诚的，而不是虚假的。前后左右地环视你的听众，你可以选择一个人作为焦点，然后再换一个人，眼神慢慢地从一个移到另外那个人身上，在每一个人身上停留两到三秒，眼睛直视听众，或看着他们的鼻梁或下巴。寻找到那些看起来很友好的听众，向他们微笑，然后转向那些面带疑惑的听众，也逐渐朝着他们微笑。

在下面这两个关键时刻，更需要与听众保持视线接触：

1.说话开始

当说话刚刚开始，你还没有进入正轨时，对于对你作出支持性回应的听众，你可以点头示意并用积极的面部表情回应他们，看着他们并利用他们的支持来帮助你平静心情，度过这段令你紧张的时刻。

2.说话过程中

一旦开始说话，你应扩大你视线接触的范围，使之包括所有的听众。你需要做的是直视单个听众的眼睛，并保持这种视线接触至少 3 秒钟以上。不要迅速地从一排排脸上扫视而过，应在整个房间内随意地移动你的视线，不要陷入一种单调刻板的模式。

神态语言，有效传情达意

一般而言，在说话过程中还需要注意一点，那就是你的神态要随着说话内容的改变而及时调整，不应该在整个说话过程中保持一种神态，也不要在整个说话过程中神态都在变化。俗话说："相由心生。"你所说的语言应该是发自内心，而内心的一切活动将逐一清晰地反映在你的神态中，高兴或悲伤，愉快或痛苦，这都将通过神态真实地展现出来。神态主要依据说话内容发生相应的变化，当说到严肃的内容时会神态沉重，而说到高兴的事情时会眉开眼笑。

林敏是学校里出了名的演讲高手，她最擅长的就是将自己融入演讲的过程中。人们总会想起她曾在一次演讲比赛中，声情并茂地演绎着属于自己的演讲风格。

当朗诵到一些描述灾难的内容时，林敏的脸上一片肃穆，没有半点笑容；当朗诵到那些革命战士牺牲自己生命时，她声音一下子提得老高，而且满脸的伤感；当朗诵感动人的事迹时，她的脸上满是泪水；当朗诵革命终于取得胜利的时候，她开心地笑了，连那话语里都蕴藏着笑意。

所谓的神态随着说话内容情节而调整，其实就是将自己融入到说话内容中去。如果你讲述的是一个感人至深的故事，那么你可能要化身为故事里的主人公，你的神态时而悲伤，时而愤怒，时而开心，时而快乐，所有的情绪都将随着主人公的命运而产生相应的变化。或者我们可以说，一个有着卓越口才的人，想必就是如此。

在公众场合说话，神态语言是传情达意的一种重要沟通方式，它指的是通过眼神、动作、面部表情等来表达内心思想的一种非语言形式。神态语言不仅彰显着自己的喜恶，更为重要的是，通过自己一颦一笑的变化展现自己的内心世界。在现实生活中，不同性格、身份、经历的人，会有各种不同的神态。即使在同一事件中、相同的情况下，他们的神态也是各不相同的。而且，单纯的神态语言并不能完成一次沟通，它必须根据事件、环境、心境的状态才能恰如其分地表现出来。

在实际的说话过程中，该如何来调整自己的神态呢?

1.适时使用微笑

在神态表现中，我们尤其需要说到微笑这个状态。大多数说话者没有充分利用或用错了微笑这一强大的工具，或是咧开嘴笑得下巴发痛的傻笑，或是在悲伤或严肃的场合露出微笑，这些都是不适宜的。

对于说话者来说，当表达赞美、歌颂等感情色彩时应微笑，此时要博得别人笑，自己首先要笑；上台与下台时应微笑，这样可拉近与听众的距离，把良好的形象留在听众心中；面对听众提问时，送上一丝微笑是无声的赞美与鼓励；肯定或否定听众的一些言行时，可以配合着点头或摇头，面带微笑；面对喧闹的听众，演讲者可略作停顿，同时面带微笑，表达一种含蓄的批评与指责。

2.各种神态展现

当你在说这样一段话："不是有人在交通不畅时埋怨他们'乱哄哄，路不通，车不动'吗？不是有些漂亮的姑娘品评他们是'多一个脑袋的电线杆'吗？不是有人谩骂他们秉公处罚是自己给自己发奖金吗？不是有人丧尽天良将车轮碾向我们这些可敬可爱的马路卫士吗？"你应该保持义愤填膺的神态，以增强反问句的表达效果。

当在说到对未来展望的时候，你应该保持神采奕奕的状态，那表示你很有信心；当在痛斥某种罪恶行为的时候，你应该保持怒目圆睁的神态，以表达自己内心强烈的情绪。

当然，还有许多不同的神态表现，就不一一列举了，只要记住一点：你的神态应是随着说话的内容而逐渐调整的。

用适当的手势来表达情感

王亮和张凯都是某大学电子系大二的学生。他们对国学非常感兴趣，所以经常抽时间去听课。国学教授是一位50岁出头的学者，他非常喜欢别的院系的学生前来听课，并且在课间经常辅导他们。奇怪的是，王亮和国学教授交流得非常好，可是张凯与教授交谈一次之后，就再也没有获得这样的机会。尽管张凯对国学的热衷程度要高于王亮很多。这到底是怎么回事呢？原来这与他们两人在交流时的手势有关系。

每次国学教授和王亮交流的时候，王亮在表达自己观点的时候，总是很恭敬，在发表不同意见的时候，总是伸开胳膊，伸开双手，显得非常开放。所以尽管在一些问题上，双方有不同的看法，但是国学大师依然很欣赏他。但是张凯就不同了，总是把胳膊交叉，抱在胸前，给人以拒人千里之外的感觉，难怪国学大师不喜欢他。尽管张凯对国学很有见地，但是错误的肢体语言让别人不喜欢他，从而拒绝与他交流。

在人与人交往当中，适当的手势能辅助语言的表达，甚至比语言表达得更准确，因为人的语言或许会有假，但是身体是不会说谎的。所以，在人际交往中，身体语言能传达真实的内心情感。尤其是手势，能准确地反映人物内心的真实变化，所以，一定要多注意手势的表达，避免错误的手势传达错误的信息。尤其在与人交流时，对方在关注你的眼神的同时，还会关注你的手。所以，在人际交往当中，一定要学会用适当的手势来表达情感。那么，对于年轻人来说，到底如何适当地应用手势来传达信息呢？

1.手势的使用要合乎惯例

在使用手势的时候，一定要注意，你所使用的手势是大家都认可和知晓的，这样，你使用的手势才能准确地传达你想要传达的意思。否则，你使用的手势别人看不懂，不但不能将你所表达的意思传递给对方，还可能会因此而引起误会，引来不必要的麻烦。比如，介绍的手势、指示方向的手势、请的手势、鼓掌的手势等，都有其约定俗成的动作和要求，不能自己想当然地乱加使用。一般情况下，当看到自己不了解的手势时，大多数人都会保持沉默，以待观察，或者是从对方的口头语中获得相应的信息。但是有时候，有些人会误解你的意思，从而作出错误的决定，因此成为笑柄，对方出丑自然会恨你入骨。

2.手势的使用要适度

在使用手势表达的时候，要适度，不能不用，也不能滥用。有的人在与人交流的时候，两只手总是安静地待着，动也不动，这给别人一种刻板僵硬的感觉。事实上，人在交流的时候，别人会观察你的身体语言，除了眼神外，还会观察你的手。所以，在社交的时候，要适当地使用手势语。当然，也不能滥用、乱用。不管做什么都要有个度，如果过度了，就会给别人带来压力，同样，使用手语也是一样的。比如说，握手表示欢迎，可是有的人一见面就跟你握，而且握住就不放手。试想，如果一个人一天之内跟你见三次，要跟你握三次手，而且每次握住都不放的话，谁能受得了？所以，手势语的使用要有个度，不能不用，也不能滥用。

3.手势的使用要避免“雷”区

手势语的使用也有很多的忌讳。如果不了解，就会给别人带来不好的印象，给人际交往蒙上阴影。所以，有必要掌握一些手势语使用的禁忌。在介绍某人或为他人指路的时候，要使用手掌，四指并拢，而且需要掌心向上，这样会给别人一种被尊重的感觉。当然不能用手指对别人指指点点。生活中很多人总是在不经意间用食指指人，这是非常不礼貌的做法。在与人交流中，手势的幅度不宜过大，更不要手舞足蹈。一般情况下，手势高度不应高于对方的水平视线，下界不低于自己的胸区，左右摆的范围不要太宽，应在人的胸前或右方进行。和对方第一次见面的时候，避免抓头发、玩饰物、掏鼻孔、剔牙齿、抬腕看表、高兴时拉袖子等粗鲁的手势动作。总之，在使用手势语的时候，要多了解禁忌，避免因为自己的不了解而让人产生误会。这对年轻人来说非常重要。

秘密藏在不经意的小动作之间

若在公开场合说话，由于内心胆怯等因素，不可避免地会出现一些小动作，诸如抖腿、频繁地眨眼睛、舔嘴唇、身体重心迁移、多次扭动双脚、用手遮住嘴巴、用手摸鼻子、抓头发或摸耳朵、将手指放在两唇之间，等等，这些小动作有些是对我们有利的，然而有一些则是对我们很不利的。所谓“群众的眼睛是雪亮的”，即便是很小的动作，在几双甚至上千双眼睛盯着你时，小动作也会被无限地放大，他们都在猜测你的小动作所透露出来的意义：紧张，或者说谎，或者个人习惯，等等。因此，我们可以毫不夸张地说，那些看似不经意的小动作会大大地影响你当众说话的效果。

面试那天，小王破天荒地睡过了头，起来的时候已经九点半了。他急忙洗漱，整理面试资料，等赶到公司已经是十点半了。他刚气喘吁吁地坐下，经理就走了进来，没说两句，公司副总也走了过来，想看看这里的面试情况。

顿时，小王的紧张一下子就到了顶点，在介绍自己工作经验时不自觉地摸自己的鼻子，尽管他并没有感冒，也没觉得自己鼻子有多痒。副总脸上露出了不耐烦的表情，小王心更慌乱了，本来自己昨天还做了准备工作的，可是，一紧张什么都忘记了。一会儿，副总就出去了，剩下的面试官问了几个无关痛痒的问题，就匆匆结束了面试。小王明白，这次的面试完全让自己搞砸了。

面试就相当于一次当众说话，遗憾的是，通常一个人在说话时摸鼻子，给人的第一印象就是不太自信，而小王正是因为这个小小的动作而失去了一份好的工作。足以见得，那看似很细微的动作会大大地影响到当众说话的效果，因为这个看似细微的动作恰恰反映了小王不自信的心理。如果小王手心向上，两手向前伸出放在腿上，手的位置基本上与腹部等高，这样的姿势就给面试官一种坦诚的印象，并使对方觉得他充满着热情与自信。

在说话过程中，不同的小动作代表着不同的意义：比如，一个人在紧张时，通常会抖腿、频繁地眨眼睛、身体重心转移、多次扭动双脚；若是用手遮住自己的嘴巴，则表示其比较内向，有可能无法向人说出内心的秘密；若说话时不断地触碰自己的鼻子，那表示他极有可能在撒谎；若说话时用手触摸自己的眼睛，那表示他可能有点疲惫了，或者是想发表自己的意见。

当然，说话时也有一些禁忌的小动作，这些小动作将会导致你说话的失败，诸如拍桌子、拍胸脯、拿桌子上的东西、反复用手摸自己的头发、拳头对准听众、双手插入口袋、双手交叉在胸前、手朝向听众指指点点、背手、双手乱动或摇晃、挠痒痒、抠鼻子、揉眼睛、抓耳挠腮、双手插腰、摆弄衣角纽扣、乱动话筒，等等。

除了上面所说的这些以外，我们还需要注意以下几个问题：

1.不要随意地使用没有逻辑基础的动作

有的人说一句话就做一个小动作，而且摆弄不停，十分夸张。他们认为，自己如此指指点点、比比画画就能够吸引听众的注意力。孰料，与此相反，这只会让听众看到你那些不良的习惯，而且让他们感觉到眼花缭乱，从而对你说话产生一种厌烦的情绪。

有的人在说话时手舞足蹈，动作滑稽可笑，起初可能会逗得听众哈哈大笑，气氛十分活跃，但过不了多久就会失去这样的效果。听众非但不会再笑，反而会露出一种不屑一顾的神情，甚至会带有取笑之意地模仿你的小动作。

2.多一些微笑

微笑也算是一种小动作，但这种动作会大大地增强你的说话效果。微笑是一种积极的面部表情，可以反映出一个人的内心世界。在说话时，如果你能保持面带微笑，那这次当众说话你无疑是成功了一半。

3.机械地重复小动作

有些人在说话一开始，就一只手不断地搓着脸，以至于听众还以为他牙疼呢，其实这就是无意识表现出来的小动作，而且是机械性地重复。还有的人说话总是向左走三步，再回到原来位置，又向右走三步，如此反复，直到最后结束。这样一些不断重复的而又毫无意义的小动作，会让听众觉得说话者很做作，从而降低对你说话水平的评价。

做"有声有色"的推介高手

每个人的思维方式和说话形式经过一段时间的积累之后就会变成一种习惯，这种习惯也可以说是个人性格和素质的重要组成部分。不过，很多人形成的习惯并不是积极的，而是在里面夹杂了太多的负面因素。这种不好的谈吐习惯如果不及时加以纠正的话，你就难免要在交际场合中处处碰壁。为了在交际上场合少吃一些苦头，我们在平日里的言谈中，就应该努力克服那些毛病，形成良好的习惯，让说话的方式走到健康的轨道上来。我们要想和别人成为朋友，就应该以美丽的语言、优雅的谈吐作为推广自己的有力工具，让自己成为一个“有声有色”的推介高手。

在车站旁边，有两个擦鞋的孩子在高声而又热情地招呼着来往的客人。其中一个孩子说：“您好，请停下来让我给你擦皮鞋吧，一定能够擦得又光又亮，保证让您满意。”另一个孩子则说：“在您约会和参加会议之前，请让我来给您擦一下皮鞋吧。”结果，很多的人都愿意来到第二个孩子的摊前接受他的服务，而第一个擦鞋童摊前的顾客却寥寥无几。两个人的擦鞋技术水平应该是不相上下的，为什么生意却没有不相上下呢？

原因很简单，因为第二个擦鞋童懂得如何推介自己。第一个擦鞋童说话自然是非常礼貌热情的，但是，也没有把话说到顾客的心坎上。因为，行走的人们觉得，花钱只是为了买一个“又光又亮”是没有必要的。擦鞋童只是在为擦皮鞋而擦皮鞋，想到的只是自己的技术和敬业精神，却没有考虑到顾客到底需要什么。而第二个擦鞋童的话却抓住了人们的心理，使他们在意识上就由“为我擦”变成“我要擦”。擦鞋童的话提醒了每一位路人：在约会和开会前，必须要精心打扮一下自己，以免到时候失了礼数。因此，许多人纷纷走上前来，让这个擦鞋童把自己包装一下，把皮鞋擦得又光又亮。

俗话说：“爱美之心人皆有之。”每个人都愿意和一个漂亮的人进行交往。不过，这里的漂亮并不仅仅是指漂亮的面孔，前卫的服装，性感的线条，还包括他的声音。我们称一个人的声音为音色，也就是在表明，声音是有颜色的，使用得当，就能够散发出独具特色的光芒来，从而让人们感受到美，也能在心情愉悦的情况下和你进行快乐的交谈，还能够爽快地接受你的意见和建议。

有一次，著名的华语流行歌手王力宏来到香港，和出色的钢琴名家郎朗同台演出。在王力宏的眼里，郎朗一直是一个沉默寡言的人，在交际场合中只是一个不善言辞的年轻音乐家。然而没想到，郎朗见到他之后，就笑着说道："力宏，你是龙的传人，我是狼（郎）的传人。"这番话让王力宏感到十分惊讶，顿时改变了对他的印象。王力宏也很快地消除了心理上的隔阂，和郎朗在演出的过程中合作得非常愉快。这次合作，郎朗在王力宏的心里留下了十分深刻的印象。王力宏逢人便说："郎朗是我见过最好相处，也最热情的古典音乐家！"

在一个比较重要的场合里，为了能给素不相识的人留下深刻的印象，引起大家的注意力，就需要在说话的时候精心设计一下说话的内容，用漂亮的语言来作为推介自己的手段。我们知道，在交际场合中，别人往往会根据一个人讲的话去评价他的为人和性格，也会根据他的讲话考虑是否愿意和其进行更深一步的交往。

因此我们在与人交流时应该做到：

1.保持良好的谈吐习惯

良好的谈吐习惯、扣人心扉的语言在人的一生中扮演着十分重要的角色。一个人“声色”素质的高低是决定成功与否的关键，有声有色的话语能够保证双方的交流顺畅，也能够让自己在别人心中的印象得到更进一步的提升。在生活中我们应该注重沟通技巧的锻炼，为创造良好的交流打下坚实的基础。

2.呈现最甜美的声音

甜美的声音能够让人产生美好的感觉，如同欣赏一幅经典的图画让人感到心情舒畅。在别人疲倦的时候，甜美的声音犹如一杯清茶一阵清风，让人很快地又感到了精力旺盛。带有活力的声音，会让人精神振奋。声音并不只是传递信息的工具，它还有传递激情的功能。你的话语中带有的激情越多，听众所产生的激情也就越多，那么，你所得到的友情也就会越多。

第05章

表达要能抓住人心，让你的语言具有感染力

语言最基本的功能是沟通，从某种程度上来说，所有可以实现良好沟通的语言都是有感染力的语言。或与众不同，或情理融合，或诙谐有趣，语言表达抓住人心，让你的语言更具感染力。

不说寻常话，让对方心悦诚服

说话不仅是一种生理功能，而且更是一种能力。不会说话的人，即便口若悬河、滔滔不绝，对方也会不以为然；会说话的人，哪怕只有片言只语，也一字千金，令人叹服。所以，大家作出总结："一句话说得不好，可以说得人跳；一句话说得好，可以说得人笑。"一句话既可以化友为敌，引发一场争论甚至导致一场战争，也可能化敌为友，冰释前嫌。如果一个人说话说得好，那他说的定不是寻常话，所以，才有拿破仑的一席话，调动了军队的士气，一鼓作气取得了胜利；林肯的一席话，让反对他的政敌哑口无言，肃然起敬；马云的一席话，传递给无数创业者以成功的希望。在日常交际中，我们要善于通过语言来影响他人心理，即不说寻常话，令对方叹服。

美国人类行为科学研究者汤姆士指出："说话的能力是成名的捷径。它能使人显赫，鹤立鸡群。能言善辩的人，往往受人尊敬，受人爱戴，得人拥护。它使一个人的才学充分拓展，熠熠生辉，事半功倍，业绩卓著。"他甚至断言："发生在成功人物身上的奇迹，一半是由口才创造的。”由此可见，话语不仅仅使自己获得卓越的成功，而且能够有效地影响他人的心理。那些说着“不寻常话”的人，往往令人尊敬，令人叹服；相反，总是喋喋不休谈论自己或者是非话题的人，则令人心生厌恶。

那么，怎么样才能说出不寻常的话呢？

1.语言幽默含蓄

有一天，人们对丹麦物理学家玻尔说：“你创建了世界第一流的物理学派，有什么秘诀吗?”玻尔幽默而含蓄地说：“也许因为我不怕在学生面前显露自己的愚蠢。”面对别人的称赞，玻尔通过幽默而又谦虚的话回应，使得人们更加崇敬这位物理学家了。

2.语言真实、坦诚

鲁迅先生说自己：“哪有什么天才，我不过是把别人喝咖啡说闲话的时间都用在工作上罢了。”鲁迅先生否认自己是天才，却肯定自己珍惜时间这一优点，给人一种真实、坦诚的感觉，令人叹服。

把语言与情感相融合

在语言表达中，我们需要将语言与感情相结合起来，努力做到声情并茂地说话，如此才能抓住听众的注意力。我们都有这样的经历，儿时临睡前父母坐在床边说故事的时候，他们那神情、那语言就好像已经化身成了故事中的主人公，而这样说故事的方式恰恰是我们喜欢的。其实，这就是声情并茂地说话。作为说话者，我们说话声情并茂才有人爱听，对听众才有吸引力，才容易取得好的效果。在说话中，说话者不仅需要使用具体生动的语言来说明问题，而且需要运用生动的体态语言，以及优美动听的声音，如此才能真正地做到声情并茂。如果你只是空洞地说教，面无表情、一动不动地站在那里，即便你说得多么洋洋洒洒，也还是无法调动听众的情绪，这样你的说话无疑就是事倍功半。

学校里的徐老师虽然年过半百了，但他拥有很多粉丝，这些粉丝都是听过他课的学生。如果你问学生为什么会这样喜欢徐老师，他们则会回答："讲课时声情并茂，十分精彩。"

原来，在课堂上，徐老师完全把自己融入进了课文故事中，时而是狡猾的狐狸，时而是聪明的小白兔，时而是声音颤抖的老人，表情生动，声音惟妙惟肖，逼真极了。这样一来，无论是多么枯燥的课文，只要徐老师来上课，那整个课堂就会变得活跃起来。

声情并茂地说话，实际上就是将个人的情感融入到说话过程中去，而不是把自己脱离出来。当情感真正地融入说话中去，你的声音、神态、表情，甚至身体语言会随着内容的不同而发生相应的变化，就好像表演一样，只有真正地融入其中，才能更深入地表达出自己的想法和观念。

那在实际说话中，如何做到声情并茂呢？

1.声音、情感与说话内容协调一致

声情并茂地说话，要求说话者的声音、情感与所说内容协调一致，悲伤时用沉重的语调，神情沉痛；高兴时用欢快的语调，面带笑容。这样才能更准确地用语言表达出内心的想法，听众也才能真正地被你带入到其中。

2.切忌沾上表演的痕迹

虽然要求说话者声情并茂地说话，但并不是说说话者需要像演员一样去表演，而是要将自己真实的情感融入到说话中，不要太夸张，不要太做作，这样才能大方自然地表达出自己内心的情感。

生动形象，调动听众积极性

我们讲话生动才有人爱听，对听众才有吸引力，才容易取得好的效果。我们讲话中应尽量运用形象具体的语言来说明问题。无论在什么场合下，都需要使用易被对方接受、鲜明生动的语言，而忌讳那种干涩难懂、空泛乏味的说教。语言魅力很大程度是体现在生动上，如果你能够旁征博引，巧妙地运用幽默来表达你的意思，那么就会引起听众们的兴趣，进而能够达到你讲话的目的。而你如果只是空洞地说教，语言没有一丝生动，极有可能就是：你在滔滔不绝，听众已经哈欠连天，而你的讲话无疑就是事倍功半。所以，我们的讲话一定要生动，这样才能调动听众的积极性。

在讲话的时候，一定要注意自己语言的生动性。你可以在讲话时恰当地使用一些诙谐的比喻、夸张的幽默，那样会使你的讲话很生动，很轻松，让听众享受欢乐之余，还能够铭记你所说的内容。

那么，在日常的语言表达中，如何才能做到说话生动形象而又通俗易懂呢?

1.个性化的语言

语言生动有趣，最根本的要求就是尽可能使用自己的语言，不能老是去套用别人的话，这样既具有个性，又有新鲜感。需要注意的是，要避免堆砌“时髦词”，或者把别人的东西生拼硬凑在一起，乍听起来挺“新鲜”，可是细细品味起来，似是而非，很不准确。

2.口语化的语言

有的人说话的时候像念文件，虽然不至于犯错误，但听起来像个老学究，让人昏昏欲睡。所以，讲话应尽可能口语化。对此，应尽量用短句；尽可能地少修饰句子；善用口语词汇；等等。

3.形象化的语言

我们在说话的时候要把一些抽象的、概念化的，或者较难理解的、枯燥无味的内容加以形象化处理，给人以较直观的感受。这样的讲话，通俗易懂，易于他人很好地接受。

用真诚瓦解对方的“防范墙”

在与人相处的过程中，情是最能触动人心的，正所谓“欲晓之以理，必先动之以情”。一般情况下，当我们与他人展开交谈的时候，彼此都会对对方产生一种防范心理，双方都不为所动。这时候，你要想说服对方，就需要消除对方的防范心理。从一定程度上说，防范是一种潜意识里的自卫心理，也就是当我们把对方当作假想敌时产生的一种自我保护心理。而消除对方这种防范心理最有效的方法就是以情动人，通过那些充满真情的话语使对方感到你是朋友而不是敌人，用真情去瓦解对方筑起来的“防范墙”，继而有效地影响其心理。真情，可以是嘘寒问暖，可以是予以关心，可以是予以帮助，等等。所以，我们在日常交际中，要善于用情说话，使对方无法抗拒。

心理学家指出：“情感如同肥沃的土地，道理好比种子。没有情感的沃土，道理的种子再好，也发不了芽。”我们在说服对方的时候，更需要以情动人，否则，即使你说再多的道理，对方还是会不为所动。

1.话语中充满真诚

谚语说："真诚贵于珠宝，信实乃人民之珍。"要想自己的话语能够打动对方，就需要在话语里注满真诚，只有真诚才能打动人。如果你仅仅是花言巧语或者虚情假意，反而令对方厌恶。

2.把话说到对方的心里

人都是有感情的，说话能做到动之以情，晓之以理，就是最完美的沟通。我们在说话时要注意对方的反应，学会从对方的反应中修正自己的话语，尽可能把话说到对方心里。只有把话说到对方心里，才能真正地打动人。

3.站在对方的立场说话

如果你在说话时总是想着自己，只顾着自己，那么你说出来的话是不会有感情的。因此，我们应该处处为他人着想，让自己站在对方的立场说话，这样说出的话才有感情，才能打动对方。

善用暗语，引导对方的思维走向

语言是我们用来表达、交流思想的工具，我们要传递信息、抒发胸臆、交流感情，几乎总是通过语言行为去完成的。于是，在我们运用语言进行交际的过程中，可以根据自己的意图、语言的环境以及其他各方面的因素，使用藏而不露的话语，也就是俗称的“暗语”。虽然，在一般情况下，我们并没有办法去操控他人的想法、语言以及行为，对方的心理变化完全在我们控制之外。但是，暗语则可以巧妙达到操控他人心理的目的，比如，通过藏而不露的语言给予对方一定的心理暗示，引导对方按自己的思路走。

那么，我们究竟该如何引导对方的思维走向呢？

1.传递友好信息

在刚开始的交谈中，我们有必要通过语言暗示出自己的真诚与友好，如“您好”等，这样对方才会愿意听你说话，而你才能够顺利引导对方的思路。

2.站在对方的角度

在叙述事情的过程中，需要站在对方的角度上，先认同对方的观点，博取了对方的信任，再把自己的意见传递给对方，这样他会更容易接受，也更容易顺着你的思路去想。比如，“正如你所说的那样，他一点也不懂规矩，幸好遇到你这样的老板，否则早就被炒鱿鱼了”。

3.“我和你一样”

在交谈中，没有什么比“我和你一样”更能引起对方情感上的共鸣了。当对方认为与你情感相通的时候，他对你已经消除了戒备心理，甚至愿意被你说服，同时，你也操控了其心理。

第 06 章

打造出一副好嗓音，为你的表达锦上添花

说话是一门艺术，语言表达的过程是控制发音系统的过程，只有发音器官健全，并通过科学的方法不断练习，才能掌握这门艺术。一个人并不一定天生就有一副好嗓子，但可以通过长时间的练习来提高音质和音色。所以，有意识地打造出一副好嗓音，可以为你的语言表达锦上添花。

字正腔圆，朗朗上口

在日常生活中，我们经常听见别人说话，发现他们的发音异常优美，说起话来滔滔不绝，听起来也是十分悦耳。我们在听他们讲话的时候，会不知不觉地受到声音感染，从而对其讲话本身产生一种兴趣。如果一个人能拥有优美的发音，那么这对他的讲话成功有很大的帮助，因为听众是靠听觉来辨别的，发音优美一定是比较吸引人的。而这就需要从汉语的语音开始慢慢培养自己的优美发音。

我们的讲话如果不是针对少数的人，一般来说，都是需要讲普通话的，这就需要从发音和正音两个方面来学习。发音准确是语音学习最基本的要求。发音是否准确与听音、辨音的能力有关，所以首先要提高语音的分辨力。在掌握了正确发音的基础上，还要通过反复练习，达到完全熟练的程度，才能做到语音优美。正音是指掌握汉字、词语的标准读音，纠正受方言影响产生的偏离普通话的语音习惯，这属于一种记忆的训练。

一般来说，我们所认为的发音优美，就是能够发音正确、清晰、优美，在涉及很多词汇的时候，要流利、准确、易懂，语调也要贴切、自然、动情。下面我们就这几个方面仔细来介绍一下。

1.如何使你发音正确、清晰、优美

有的人在说话的时候，能准确地表达出丰富多彩的思想感情，而且声音悦耳动听，清澈自然。其实，每个人都有自己的发音技巧，我们只需要在讲话的时候，努力使自己的发音达到最佳状态即可。

领导在很多公众场合，免不了做一些演讲，这就需要吐字正确清楚，语气得当，节奏自然；声音也要足够洪亮，悦耳动听，铿锵有力；要富于变化，区分出轻重缓急，要随着演讲情感的变化而变化。除此之外，领导讲话的时候，有可能面对的是几十人，甚至上百人，上千人，所以声音要有一定的传达力和穿透力，要使在场的听众都能听得真切、听得明白。而很多领导在实际讲话的时候，会由于紧张或者其他什么原因，导致自己声音颤抖，飘忽不定；或者音节模糊，还夹杂着喘气的声息；或者声音忽高忽低，生硬呆板。这些发音问题，都会影响听众对讲话内容的理解。那么，如何来避免这样一些问题呢?

（1）如何字正腔圆

我们常常形容一个人发音准确，就会用到“字正腔圆”这个词语。字正，就是讲话的基本要求，要求读准字音，读音要响亮，送气音要响亮。这就需要在讲话的时候，要符合声母、韵母、声调、音节、音变的标准，不要误读，另外还要避开一些方言发音的影响。领导作为公众人物，如果在公众场合不小心误读了某个字，发错了某个音，那就会直接影响自己的声誉和威信，降低听众的信任感。腔圆，就是说话的时候，声音要圆润清亮，婉转甜美，富有音乐美，这样才能做到真正的字正腔圆。

（2）如何断句

我们在讲话的时候，可能会遇到很多单音节和多音节词语。如果仅仅是单音节词语，我们可能不会割裂开了分读，但是如果是面对多音节词语，就很容易把它们割裂开来并引发歧义。特别是领导拿着讲稿面对公众演讲的时候，事先也没有经过练习，可能会错误地把多音节词语割裂开来，结果引得听众哄堂大笑。

（3）如何搭配音韵

讲话要特别讲究声调、声韵，才能使你的声音产生抑扬顿挫的美感。有的领导讲话平仄错落有致，悦耳动听，下面的听众也乐于听这样的领导讲话。如果想要收到这样的效果，那就只有在讲话的时候，注意一些双音节变化、押韵、平仄相间。

我们不难发现，很多单音节词显得复杂，意义深刻，这时候如果将其替换成双音节，那就通俗易懂了，也极具音乐美；在讲话的时候，还要注意押韵，这样能产生一种声音的回环美与和谐美，听起来也悦耳；讲话只有注意平仄，才能使你的话语呈现高低起伏，做到声情并茂，从而增强你讲话的效果。

2.如何使你的声音洪亮、饱满、有力

在台上讲话，所面对的是几十个甚至几百个听众，这就需要你的声音洪亮、饱满，这样才能使下面的听众听得更清楚。如何使自己的声音更饱满、洪亮？有的人在讲话的时候感觉说话费力，声音传不远，大致有两个原因：其一是没有充分利用共鸣器官，其二是气息不稳。

（1）共鸣腔

我们平时说话都是靠两片声带的振动而发出声音，声音在振动之后经过了咽、喉、口腔、鼻腔、胸腔等这些空间被逐渐修饰、放大，形成自己的声音风格，最终传达到听众的耳朵里。在日常生活中，我们在对别人说悄悄话的时候，就没有振动声带，仅仅依靠气息的摩擦，没有利用共鸣腔，所以不会发出很大的声音来。但是，有的人在说话的时候，一味追求声音洪亮，靠声带的强烈振动，就只能造成声带充血，声音也会变得嘶哑。

其实，使自己的声音洪亮、饱满、有力，并不需要太多的技巧，只要你在平时的时候，注意放松自己，另外多作一些发声的练习。这样，时间久了，你在讲话的时候，就能充分利用共鸣腔来发音了。

（2）气息

发音靠振动，振动靠气息，如果你要使自己声音洪亮，中气十足，就要有饱满的气息。呼吸要深入、持久，要随时保持一定的呼吸压力。如何使自己在讲话的时候，保持气息平稳？这就需要你在平时多作一些有关深吸缓呼的练习，最好在练习说话的时候采用站立的姿势。因为只有站着，才容易寻找到呼吸状态；如果你硬要坐的话，也要坐直，上身微微前倾。另外在运用气息的时候，千万不要“泄气”，要使自己的呼吸压力缓缓释放，并且要善于运用嘴唇把气拢住，这样来保持胸腹和嘴唇的压力平衡。

抑扬顿挫，富有节奏感

有的人说话，特别注重声音的高低起伏、停顿转折，并且节奏分明，自己说起来舒服，听众听起来也觉得悦耳。每个人都希望自己在说话的时候，呈现抑扬顿挫，能够吸引听者的注意力，而这就需要很好地掌握抑扬顿挫的语言表达技巧，你可以具体从下面两个方面来练习，使自己讲话悦耳动听。

1.重音

生活中我们经常会运用到重音，重音在生活中必不可少。比如，“这篇文章的大意是什么”，“大意”就是“大概”的意思，如果你在朗读的时候，把“意”轻念，那么就会让听众认为是“粗心”的意思。所以，重音不但能使声音呈现高低起伏，还具有区别词意的作用。重音可分为三种：

（1）语法重音

语法重音就是按句子的语法规律重读的音。比如，某个字它本来就应该重读，当它出现在某个句子里的时候，就应该读出重音来。

（2）逻辑重音

逻辑重音是演讲者根据说话的内容和重点自己确定重音范围。如领导作一次公开讲话的时候，肯定有一部分的讲话比较重要，那么这时候就可以根据讲话的内容和重点自己确定重音的读法。

（3）感情重音

感情重音是为了表达强烈的感情或细微的心理。重音不一定重，有时放轻也起了强调的作用。重音有两种，一种是重重音，另一种是轻重音。

那么重音是怎么来体现的呢？一是加大音量，二是拖长音节，三是一字一顿。

2.注意掌握停顿

讲话的时候，不但要让你的声音有高低起伏的音乐感变化，还需要停顿转折的回旋变化，这样才能使你的讲话听起来抑扬顿挫、悦耳动听。总的来说，停顿主要分四种，即语法停顿、逻辑停顿、感情停顿、特殊停顿。除此之外，还需要我们在实际讲话的时候，把一些书面上的停顿连接起来，那就需要一定的连接力了。下面我们就简单地一一介绍。

（1）语法停顿

语法停顿又叫自然停顿，一个词中间是不能停顿的，如“哈尔滨代表团长途跋涉来到北京”，念成“哈尔滨代表团长，途跋涉来到北京”，这样就会把意思弄拧了。另外，从语法上说，在中心语与附加语之间会有一个小小的停顿，一篇讲稿中用标点符号表示的地方要停顿，不同的标点符号，停的时间长短不一样，它们停顿的时间是，句号(包括问号、感叹号)>分号>冒号>逗号>顿号；从结构上，是段落>层次>句子。

（2）逻辑停顿

逻辑停顿是根据表达感情的需要，表示一个句子中哪些部分需要被强调。

（3）感情停顿

感情停顿又叫心理停顿，逻辑停顿为理智服务，感情停顿为感情服务，表示因为一种微妙和复杂的心理感受而作的停顿。

（4）特殊停顿

特殊停顿是为了加强某种特殊效果或应付某种需要所作的停顿。停顿的表现力主要有四个方面。

①可以变含糊为清晰，如“最贵的一件(停)值两千元”，表示最贵的只有一件，其他的不值两千元；

②变平淡为突出；

③变平直为起伏，如“在座的的人/谁/都明白”就有起伏；

④变松散为整齐；有些排比句通过停顿变得很美，节奏很好，要声断，气不断，情不断。

停顿不是中断，它只是声音的暂时消失，但气流与感情没有断。

（5）连接的表现力

连接就是将书面上标有停顿的地方赶快连起来，需要不换气、不偷气，一气呵成，连接的作用主要表现为：一是渲染气氛；二是增强气势，能表达激情推进内容。而连接的技巧有三个：

①气息要调节。也就是在实际讲话中，比较大的停顿地方要换气，小的停顿要偷气，即不明显地换气，整体感觉要一气呵成。

②接头要扣“环”。即两个内容相联的句子，第一句的尾声压低，第二句的起音也要低，这样两个句子中间的音位差就小，给人感觉环环相扣。

③层次要“抱团”。句子的末尾音节不要往下滑，每层的意思要有鲜明的起始感、整体感。

调整语调，注意停顿

我们讲话的时候，声音的高低、轻重、快慢、停顿的变化都可以称为语调。一般来说，除了要求吐字准确清晰外，声音的轻重疾徐，还应随着讲话内容的变化而变化。语调是最能表达感情色彩的，只有和讲话内容互相配合，才能恰如其分地发挥作用。有位意大利的音乐家，上台没有唱歌，而是把数字有节奏、有变化地从1数到100，结果倾倒了所有的观众，有的甚至感动得流下了眼泪，可见节奏在生活中是多么重要。

语言表达中带有规律性的变化，叫节奏，句子中有了节奏变化语言才会生动，否则就会显得呆板。节奏与语速有关系，但二者不是一回事，语速只表示说话的快慢，节奏包括声音的起伏、强弱。我们平时把节奏简单地分为快节奏和慢节奏，它们的区别如下：

慢节奏：叙述一件事情，描写一处景物，表现一次行动的迟缓时节奏宜慢；表现平稳、沉郁、失望、悲哀等情绪时节奏宜慢。

快节奏：表现情绪紧张、热烈、欢快、兴奋、慌乱、惊惧、愤怒、反抗、驳斥、申辩时节奏宜快。

在讲话中，只有很好地调整语调的节奏，才能使你的声音听起来悦耳，才能打动人心。那么怎样让语调节奏能够快慢有致呢?

1.注意语调的高低变化

我们讲话时，为了更有效地表达思想感情，就不能不对语言进行高低抑扬的变化处理。不能一味地高，甚至吼破嗓子；也不能一味地低，显得有气无力。只有使音调的高低随意而变，随情而变，才能收到最佳的讲话效果。

语调有高低变化，这就需要把高音和低音区别开来。高音就是升调，即句子调值由低到高，句尾发音往往最高，一般用于疑问句；低音就是降调，即句子调值由高到低，句尾发音往往最低，一般用于陈述句、祈使句和感叹句。

2.运用语调的快慢变化

讲话中语音的变化，应该是极其自然顺畅的，而不是刻意追求的效果。只有语速适宜，快慢有致，才能有效地传情达意，令听众感到悦耳动人。如果语速不当，缺乏快慢变化，始终保持一个速度，那就很难准确、恰当地表达出你内心的真实感情，而且这样也会使听众感到厌烦，难以接受。

讲话的声音应当有快慢缓急变化，而这其中的变化主要是根据表达思想感情的需要。在表达一般内容时，语速可以适中，既不要太快，也不要太慢；当表达热烈、兴奋、激动、愤怒、紧急、呼唤的思想情感时，出言吐语就要快些，势如破竹；讲到庄重、怀念、悲伤、沉寂、失落、失望的思想情感时，语速可以放慢些，娓娓道来。

3.关注语调的停顿变化

停顿，就是讲话时的间歇。讲话不仅要有停顿，而且应该利用停顿，使停顿变为一种表达艺术，更为有效地表达讲话者真实的思想感情。停顿是讲话中的一种非常有效的表达艺术。运用停顿艺术，可以使你的讲话不会散乱，也能使整个讲话抑扬顿挫，起伏跌宕，让听众享受到一种语言的节奏美、音乐美。一般来说，停顿有三种：即自然停顿，词语或句子间的自然间隙；文法停顿，即段、句之后的较长一点的停顿；修辞停顿，即由于某种修辞效果的需要而作的停顿。

对讲话者来说，应该综合运用这三种停顿，使它们变为一种技巧性的停顿，艺术性的停顿。通常在一般情况下，可作一般性停顿；但是，在某些特殊情况下，就应该作较长一些的停顿了。

例如，在向听众提出某个问题之后，或是在提出自己的某个观点之后，或是在讲清一个相对完整的意思之后，都要作较长一点的停顿。

发音准确，吐字清晰

讲话者在很多公众场合，免不了作一些演讲，这就需要吐字准确清楚，语气得当，节奏自然；声音也要够洪亮，悦耳动听，铿锵有力；要富于变化，区分出轻重缓急，要随着演讲情感的变化而变化。

有时候，因为你发音部位不准确，就会不小心发出鼻音来，用鼻音说话很容易给人装腔作势、扭扭捏捏的感觉，这是一个损坏个人讲话形象的发音缺点。

在生活中，有的人说话时就好像嘴里含了一个鸡蛋似的，说出的话含糊不清，那一句句话、一个个词、一个个字都好像粘在了一块，甚至听不出具体的字词句来，他们在说话时嘴唇都不怎么会动。于是，我们常常把这种咬字不清、发音低浊、语言含糊的说话者称为嗫嚅者。此外，讲话需要的是浑厚、响亮的声音，而不是丝丝低语。你可以将自己的手指放在喉头上，以正常音量说一两句话，如果完全没有颤动感，没有嗡嗡声，就是在用低语讲话。

那么，如何纠正厚重的音色呢？

1.鼻音的纠正

为了避免用鼻音讲话，你讲话的时候嘴巴要张开，上下齿间要保持半厘米的距离，而不要像两列玉米一样紧紧靠合在一起，否则不利于发出清晰的声音。这时候你要用胸部产生共鸣。

2.吐字清晰

在平时的生活中，可以花一点时间来大声阅读一段话或一些词语，注意要把嘴巴张开，使声带里发出圆润的声音来，尽量把每一个字咬清楚，练习时间长了就会有所好转。

3.改善低语的情况

有的语言学家说，低语是声音的鬼魂，是丧失了大部分语调和共鸣的声音。如果用低语说话，就会经常把语句中整个音节省略，使人听起来昏昏欲睡。改善低语的情况，也就是讲话时尽可能打开自己的胸腔，产生共鸣的声音，有颤动感，声音就会变得洪亮。

快慢有致，增强语言表达力

在语言表达过程中，说话的节奏也是相当重要的。一般而言，明快的说话节奏体现了一定的决断力，表明说话者是一个自信心很强的人；相反，那些缺乏信心的人，他们在说话的声调里必然缺乏明快的节奏。实际上，影响声音感染力的一个很重要因素就是说话的节奏，节奏一方面是指说话的语速，另一方面是指对他人所说问题的反应速度。在日常交际中，大多数人从来不会考虑到说话的节奏，事实上，明快的说话节奏可以避免单调乏味的交流，同时，还能够有效提高自己的语言表达力。

明快的说话节奏、清晰响亮的语言，是成功地进行语言表达所须具备的条件。明快的说话节奏能够激起对方情感的波澜，比如，当有人问到“这场比赛谁赢了”的时候，你却慢条斯理地回答“中国队大败日本队，获得了冠军”，可能对方在听完之后根本就没有感受到胜利的喜悦之情。那些说话磕磕绊绊没有任何节奏的人，很少能够打动他人的内心，这样的人，即使说出了什么重大新闻也吸引不了大家的注意。而使用明快节奏说话的人，他们一开口就吸引了大家的注意，而且，明快的说话节奏激发了他们清晰的思路，活跃的思维，如此一来，他们的整个语言表达更加有魅力，更容易打动人心。

在日常生活中，有的人说话节奏比较快，一口气就把一大堆话说完了，就像是打机关枪一样；有的人说话节奏很慢，慢条斯理，半天也说不出一个字来。其实，像这样两种极端的情况都是因为没有掌握好说话的节奏。语言因有了明快的节奏而变得生动，否则就显得呆板。明快的说话节奏使人愿意听，喜欢听，而那些没有节奏变化的语言就会像催眠曲一样使人昏昏欲睡。所以，我们在进行语言表达的时候，需要适时使用明快的说话节奏，达到打动人心的目的。

说话的节奏明快会给对方一种果断、刚毅的印象，也能以此赢得好感。所以，我们在说话时，需要恰当运用明快的说话节奏，表达出自己的思想感情，同时，激发对方内心的热情。

那么，我们如何说话才能保持明快的节奏呢？

1.发音准确

发音含糊不清是说话犹豫的一种表现，同时，也会使你的说话节奏异常缓慢。如果在连续几个地方都有迟疑的现象，就会使对方感到你其实并不知道自己在说些什么，这样会导致整个语言表达更加不流利。而当我们保持发音准确的时候，说话的节奏自然就明快了起来。

2.注意说话的语速

在语言交流中，说话的快慢将直接影响向对方传递信息的效果。如果你的说话速度太快，尤其对方又是陌生人，那么对方可能还没有听明白你在说什么，你的话就已经结束了。对方听不清楚，自然就会失去继续听下去的兴趣。

3.停顿不宜过长

当你在进行语言表达的时候，适时地停顿是可以的，但千万不要停顿太长，或者在停顿时加上“嗯”，或紧张不安地清一下嗓子，这都会影响你的语言表达效果，而且，你的说话节奏也会因此变得异常缓慢。

科学发声，底气十足

在生活中，有些人说话好像大病初愈，声音很小，而且没有张力，我们经常说这种人说话没有底气。偶尔，这里的底气可以理解为“信心”，也就是缺乏信心才导致声音出现这样的情况，但并不是所有的情况都是如此。也就是说，某些人说话底气不足的原因在于其本人的声音问题，或许更明确地说是缺乏科学的发声练习。在日常生活中，我们都喜欢听那些饱满圆润、悦耳动听的声音，而对于那些干瘪沙哑的声音则往往心生厌恶。若你经常处于当众说话的场合，那么，你更需要锻炼出一副好嗓子，练就一腔悦耳动听的声音，这是你达到当众说话水平的必备条件。

在健康咨询室里，收到了这样一封信：

“医生，你好，我今年23岁了，是一位成年的男性。但一直以来我被一个问题困扰着，我身边的朋友以及家人都说我说话有气无力，跟我的年龄很不符合。年轻人都应该是朝气蓬勃、声音响亮的，但我的声音为什么会这样呢？就连我自己都觉得很难听，十分沉闷，嗓子里好像有一种东西隔离了我的声带。

“我大学快毕业了，即将面临的就是工作问题。而对于任何一家公司或企业来说，一个好的精神面貌是很重要的。我本身性格外向，平时也很喜欢说话，但就是这声音让人听了恼火，很不舒服，我也知道这不是我刻意纠正就能改变的问题。因此，我想咨询，声音出现这样的问题到底是什么原因呢？是缺乏锻炼还是有病呢？我该如何努力才能改变这样的声音状态呢？”

其实，无论是求职面试的年轻人，还是到处进行演讲的公司职员，他们很关心的问题就是自己的声音听起来是否底气十足。若是缺乏底气，那么自然不容易引起别人的关注，这样的话，即便你说破了嘴也没人会听，更别说会肯定你的说话水平。实际上，案例中求助者的问题是能够解决的，只要进行一段时间的语音训练，就可以有效地改善声音底气不足的情况。

通常在发音的时候，气息是声音的动力来源。也就是说相当多的、稳定的气息是发音的基础。在现实生活中，有的人说话声音洪亮、持久、有力，听起来“底气十足”；相反，有的人说话声音比较小，有气无力，或是上气不接下气，好像蚊子嗡嗡叫，这样的人则显得底气不足。

在发音练习中，所谓的“底气”其实就是“中气”。之所以会出现上述的差别，除了身体素质的差别以外，还有就是气息技巧的问题。简而言之，就是呼吸和说话的配合、协调是否恰当的问题。

通常情况下，说话是在呼气时而不是在吸气时进行的，停顿才是在吸气时进行的。若要长时间地说话或演讲，那呼吸循环就要比平时更加频繁。

在说话过程中，我们要处理好说话和呼吸的关系，必须注意以下几点：

1.呼吸要尽量放松

在呼吸时，需要尽量轻松自如，吸气要快速，呼气要缓慢、均匀，而且吸入的气量要适中，太多会喘不过气来，太少又不够用。

2.说话的姿势要有利于呼吸

不管是站着还是坐着，都需要抬头舒肩展背，胸部稍微向前倾，小腹内收，双脚并立平放。这样的站姿利于呼吸，让你的发音部位，如胸、腹、舌都处于一个良好的准备状态中。只有呼吸通畅了，你的发言才会更流利。

3 .尽量在说话过程中自然停顿换气

说话过程中有自然的停顿，这时就应该自然地换气，不要说完了很长一句话才大口吸气或呼气，这样说话很费劲儿。而且要按照自己的气量来决定是否在那些较长句子的中间停顿，千万不要为了表达流利而勉强憋气，否则只会适得其反。

第07章

因人而异巧妙表达，让你与任何人都能聊得投机

说话，也并不是想说什么就说什么，而是要讲究时机、场合、对象，在合适的场合，合适的时机，面对合适的对象说适宜的话。如此因人而异地进行巧妙表达，会让你与任何人都可以聊得投机。

与人说话，一定要因人而异

中国有句谚语说："到什么山唱什么歌，见什么人说什么话。"大多数交际红人都深谙此道，所以才能在交际中左右逢源，大出风头。可能在日常生活中，我们并不一定需要掌握那么高的说话技巧，但在适当的场合、对适当的人说适当的话的技巧还是非常有用的。

不同的人渴望得到的欣赏和赞美是不同的。每个人，由于生活环境、接受的教育程度、性格、性别、社会地位等方面的不同，其所能接受的说话方式、语言习惯等方面也不同。因此，与人说话，一定要看清对象，因人而异。"见什么人说什么话，因人而异"是非常必要的，否则就会犯"对牛弹琴"的错误。

一般情况下，运用"因人而异"的技巧时要考虑以下几个方面：

1.性格

和不同性格的人交往，要用不同的交际之道。若对方性格直爽，便可以单刀直入；若对方性格迟缓，则要“慢工出细活”；若对方生性多疑，切忌处处表白，应该不动声色，使其疑惑自消。

2.年龄

不同年龄阶段的人，感兴趣的说话方式也是不同的：对年轻人，应采用热情的语言；对中年人，应该理性地说话；对老年人，应尽量表示出自己的尊重。

3.性别

男性更喜欢干脆的交际语言，而女性则需要温柔一点的。

4.职业

不同职业的人，说话习惯也是不同的，我们要尽量运用与对方所掌握的专业知识关联较紧的语言与之交谈，这样对方对你的信任感就会大大增强。

5.兴趣爱好

每个人的兴趣爱好都不相同，当你谈起有关他的爱好方面的事情时，对方都会兴致盎然，同时，对你无形中也会产生好感。

当我们与人交流时，因人而异地考虑到以上几个方面，把话说到对方的心里去，可想而知，这样的交流效果必然是令人满意的。

寥寥数语，让对方回味无穷

人际交往中，要想你的语言更具吸引力，那就要学会说一些能让对方回味的话。尤其是与初次见面的人交谈时，如果你的语言没有什么地方值得他去回味，那证明你的话没有让他产生兴趣，自然，交流沟通的成效也就很一般。因此，与人交谈时，说些适当的能让对方回味的话，会让你的语言显得生动有力，更容易博得对方的好感。

乔治是个软件销售员，一次他到一家银行去推销自己的软件，可公司的人员告诉他老板不在。就在刚要离开的时候，乔治却看到这家公司的老板从办公室出来了，他恍然大悟，知道是老板不愿意见他。于是他趁其他人不注意，跑到这位老板跟前，快速地说："我前几天在网上看到，有人扬言你们银行的数据库存在着很大的漏洞，我想我可以帮你解决这个问题。"老板一听，先是一惊，然后很客气地把他请到了办公室。

其实，所谓能让人回味的话，大多是涉及对方利益的但又模棱两可的话语。自然，对方要想搞懂其中的真意，就必须和你继续谈下去。这其实就是令人回味的话语的魅力所在。因此，与人交谈时，要想让对方对你产生兴趣，就要多说一些可以让对方回味的话。

1.与初次见面的人谈话，可以在一开始就给对方设置些悬念，从而引起对方的好奇心理，促使他继续和你交谈。

2.谈话前多思考一下，尽可能一开口就直中对方的心坎，因为只有谈到对方感兴趣的事情，才值得他去回味。

3.可以在谈话结束时，给对方来几句能让其回味的话语，给对方留下很深的印象。

有致命吸引力的开场白之所以能够吸引听众，其实是因为能够引起听众的共鸣。如何才能引起听众的共鸣呢？细心准备是关键。具体来说，首先，弄清楚听众的文化层次及兴趣爱好。兵法有云：知己知彼，百战百胜，提早摸清对方的底细，便于准备时有侧重点，让自己一开口发言便是对方的兴趣所在。其次，弄清楚自己的优缺点。比如，你说话越快越乱，那么你就要学会放慢语速，反之则反。

多从他人的角度考虑

我们都知道，与人沟通的过程中，要想让他人从内心真正接受我们，是需要一个过程的，这个过程就是良好印象不断累积的过程。的确，那些有说服力的人一定是那些“贴心的”、让别人觉得“了解我”“信任我”“接纳我”的人。因此，如果你认真努力地去了解别人的心意，大家不但会抢着成为你的朋友，甚至会想和你谈恋爱、买你的商品等。

所以，在说服他人的过程中，我们千万不可趾高气扬，目空一切，不可一世，无论你有怎样出众的才智，也不要把自己看得太了不起，你要做的是多从他人的角度考虑，说话贴心一点，只有这样，才能获得他人的支持。

在现实生活中，很多人对自己的不受欢迎感到迷茫和不解，觉得这个世界上没有几个人了解自己，却不能静下心来去思考自己存在的缺点和不足。其实并不是所有人都和你过不去，可能是你在说话的方式上出现了错误，在交际时自以为是，说话不会拐弯，常常让人难以接受，这样的你哪怕是十分热心的，恐怕也不会受到别人的欢迎。

贾某和谢某在大学时代是好朋友，他们两个在毕业之后一同进入了演艺圈。贾某选择了导演的职业，而谢某则高兴地做起了演员。由于两个人的基本功比较扎实，又都有着超乎常人的天赋，很快就在各自的领域里有了一定的影响。有一次，两个人终于有机会合作拍一部电影了，彼此都感到非常兴奋。

贾某是一个追求完美的导演，对演员的演技要求十分苛刻。在拍摄一个镜头的时候，谢某重拍了很多次都没有达到贾某的要求。贾某感到很不高兴，就当着全体演员和剧务的面对谢某发起脾气来，咆哮着说：“我做导演这么多年，还是第一次见到像你这样演技很烂的表演者！”众目睽睽之下，谢某感到十分气愤，当场就气愤地宣布罢演，回到休息室准备收拾东西走人。经过众人的劝说，贾某觉得自己刚才做得是有点过火，就在休息时找谢某，对他说："你知道的，人在生气的时候，难免要做出一些出格的事情来，可是静下来想想……"谢某听他这么一说，觉得他知道自己错了，脸色就缓和了下来，静静地等待着他把话说完。贾某却不知道犯了什么邪，剩下的话竟然吞吞吐吐，半天说不出来，最后突然说了一句："我认真地想了想……觉得……你真是一个很烂的演员！"此话一出，谢某就涨红了脸，他不顾别人的劝说当场宣布拒绝出演这部电影，又向众人宣告和贾某绝交。从此之后，谢某再也没有和贾某见过一次面，当别人提起贾某时，他总是大骂不止。

有很多自以为是的人在和别人交往的过程中经常伤害对方的自尊心，无情地剥掉对方的面子，当别人出现一些失误的时候，就用一些尖刻的语言去冷嘲热讽，用落井下石的态度去打击对方的尊严，这样做就不只是缺少涵养的表现了，而是在为人道德上的严重缺失。其实，只要冷静地思考一两分钟，说一两句体谅的话，对别人的态度委婉一些，就可以减少对别人的伤害，事情的结果也就大大不同了。

在和朋友的交往过程中，我们一定要记住不能触动他们的忌讳之处，做到用心说话，开口的时候多动一下脑子，万万不能伤及别人的面子，给对方的心理带来不愉快，从而让其对自己的印象大打折扣，影响日后两个人的感情发展。

的确，替别人着想是一种美德，是解决问题的首要途径。换个角度来讲，替别人着想，不仅释放了自己，改善了自己的心境，使自己不容易生气，还能减少人际间的矛盾，让彼此关系更进一步。

总之，人都是感情的动物，我们要想真正说服他人，“用刑”不如“用情”，多为对方考虑，站在对方的立场说话，对方会觉得你在为他着想，就会接受我们的真情实意。

适时示弱，给别人以优越感

我们都知道，对于说服而言，最重要的是巧妙攻心，的确，只有把话说到对方心坎上，才是真的说服。然而，攻心也必须做到到什么山，唱什么歌，我们要根据沟通对象的年龄、性别、职位等的不同，沟通的时候，采取不同的沟通策略。我们发现，有这样一类人，他们看上去比较“强”，但很多时候过度自卑，与这种人交往，你若“以硬对硬”，对方往往会觉得没面子。其实，对于这种人，示弱反倒能一举拿下。

清代以才智过人著称的纪晓岚，曾经就采用这一方法绕开了乾隆皇帝给他出的难题。

有一次，乾隆皇帝闲来无事，想测试一下纪晓岚到底有多聪明。

于是，他将纪晓岚传进宫，然后对他说："纪晓岚！"

"臣在！"

"我问你：何为忠孝？"

纪晓岚说："君叫臣死，臣不得不死，为忠；父叫子亡，子不得不亡，为孝。合起来，就叫忠孝。"

"好！朕赐你一死。"纪晓岚一听，不知乾隆皇帝为什么会这么说，但他猜想，皇帝肯定是在开他玩笑，但君无戏言，也不能不遵命，于是，他只好谢主龙恩，三拜九叩，然后走了。

乾隆皇帝也傻了，这一个玩笑，不会真的要了纪晓岚的命吧？回来的话，就是欺君之罪，是死；不回来，也是一死，这么一个聪明的纪晓岚，死了该多可惜。他想：我倒是要看看，你今天怎么逃脱！

半炷香的时间过后，纪晓岚气喘吁吁、面带悲色地跑了进来，扑通一下就跪在了乾隆皇帝的面前。

看到此情此景，乾隆皇帝故作生气地说："大胆，好你个纪晓岚！朕不是赐你一死吗？你为什么又回来了？"

纪晓岚说："皇上，微臣原本真的打算去死，当我准备跳河时，屈原居然从河里跳出来了，他很生气地告诉我，纪晓岚，枉你还是个读书人，怎么这么糊涂！想当年我投汨罗江自杀的时候，是因为楚怀王昏庸无道；想当今皇上恩泽浩荡，贤明豁达，你怎么能死呢！我一听，就回来了。"

最后，乾隆皇帝不得不佩服地说："好一个纪晓岚，你是真能言善辩啊！”

即使乾隆皇帝知道纪晓岚说的是恭维话，可是他仍然按照纪晓岚的话在心中给自己定位了——一个贤明的君主。纪晓岚看似愚钝，执行了乾隆皇帝的“赐死令”，但他利用了每个人爱听恭维话的特点，为自己解了围。

很多时候，针锋相对只会加剧对方反感和排斥的心理，其实，此时，只要我们能主动服软，就能化解争端。示弱是一种把优越感让给他人的表现。那么，我们该如何把优越感让给他人呢？

1.扬人之长，揭己所短

使用这一说服术的重心在于不着痕迹、不卑不亢地把心理优势让给对方，从而潜移默化地达到我们的目的。

从前，有个做皮革生意的精明的商人，他尤其擅长卖皮鞋，同一时间内，若别人卖一双，那他一定能卖好几双，同行的人都感到很诧异，想跟他学点经验，没想到他只说了五个字：“要善于示弱。”

这五个字让大家丈二和尚摸不着头脑，于是，他解释说：“你们发现没，有时候一些顾客来店里买鞋子，他们刚开始并不会找合适的鞋子上脚试，而是先东挑西拣，先对我们的鞋子评价一番，而这些评价多半都是不好的，好像他们才是设计师、专家。其实我们自己也清楚，他们只不过是希望在看到合适的鞋子的时候有利于他们讨价还价，最终以便宜的价格买到产品。那么，我们就不能扫顾客的兴，而应该学会顺应他们的思路，多恭维他们，说他们很会选鞋挑鞋，自己的皮鞋确实有不足之处等，比如，款式不够新颖，但绝对是经典款，鞋子底不能踩出响声，但很软和、很舒服等。也就是说，不能将自己的产品说得一无是处，找几点你认为的这双鞋子所具备的优点，也许这正是他们瞧中的地方，可以使他们动心。他们花这么多心思、费这么多唇舌不就是证明他很喜欢这双鞋吗？善于示弱，满足了对方的挑剔心理，一笔生意很快就能做成。”这就是他卖鞋的妙招。

这里，这位商人之所以能生意兴隆，主要就是他抓住客户爱挑剔的心理，懂得示弱。客户挑剔鞋子，实际上是满意鞋子存在的某些优点，此时，如果我们面对客户的挑剔采取反驳的态度以证明产品的可靠的话，我们可能是保住了产品的名誉，但也失去了一个客户。

同样，在说服中，如果我们死守自己的立场、不肯示弱的话，估计迎来的不是僵局就是失败。

2.硬话软说，不卑不亢

其实，在这里，我们所说的示弱并不是真的在示弱，也并不是非得用眼泪去博得对方的同情，它只不过是一种说话的技巧，帮助你达成说服目的。在生活中，我们常常会听老人们这样说：“软刀子更扎人！”也就是说，我们在说服过程中，要硬话软说，同时，我们的态度要不卑不亢。

总之，如果我们所说服的对象是吃软的人，那么，我们说话不可太强硬。要想让交谈结果朝着我们希望的方向发展，就需要学会适当示弱，激发对方的同情心，令其放松警惕，此时，我们就掌握了交谈的主动权，从而成功地达到我们的说服目的。

对挑剔者要忍耐和顺从

在与人沟通的过程中，我们会遇到这样一类人，无论我们提出什么论据，对方总是能挑出毛病和漏洞，似乎总是与我们对着干，也总是想压制我们的意见。其实，此时，我们要明白一点，与对方争论谁对谁错没有意义，我们的目的是说服对方接受我们的意见。所以，只要达到我们的说服目的，我们就是赢家。在这样的心态指引下，其实我们是可以让一步的。因为面对这类专门挑刺的人，最好的办法就是忍耐和顺从。

一位小姐在一家化妆品专卖店选购粉底。左挑右选后，她终于选中了，并且，好像很满意的样子。

顾客："我可以试用一下这款粉饼吗？"

销售员拿出试用装："来，我帮您擦。"

顾客："这粉底多少钱？"

销售员："120元。"

顾客："那么贵，能少一点吗？"这时，她开始以挑剔的眼光打量着脸上的试用装。

销售员："我们专卖店的每一款产品都不打折。"

顾客："粉色是不是有点暗了，而且粉质那么粗，一点也不细。"

销售员："不会，这颜色很适合小姐的肤色。如果您觉得有点粗，我给您拿一款更细的。这是我们这儿最好的一款粉，粉质特别细，您再试试吧！"

顾客开始试用："怎么粉和粉扑都没有分开啊？这会很不卫生的。而且包装也很难看。"

销售员："小姐的意见提得真好，我们也向厂家反映过这个问题，但重新换包装需要时间，而且很多人都用习惯了。要不您看看其他几款分开的，粉质也挺细的。"

顾客："我还是觉得粉质有点粗。"

销售员："小姐如果喜欢的话就拿一盒吧！它的粉质也非常好，是我们这儿较高档次的产品，又符合您的要求，外观也很漂亮。而且我们这款产品销量一直都很高，很多像您这样的漂亮女孩都在使用这款产品。"

顾客："价格能再低点吗？"

销售员："价格方面是比其他产品高了点，但一分钱一分货，而且，一盒粉就算您天天用，至少也能用半年，每天才不过两毛钱，算下来也不太贵。"

顾客："那好吧，我也不讲价了，就要这款了。"

这则销售案例中，这位顾客之所以对产品挑剔，其实是有原因的——她认为产品太贵，而这位销售人员无疑也是聪明的，她并没有花过多的时间与顾客周旋于产品价格，而是强调产品的效果，最终劝说成功，达成购买协议。

那么，在说服过程中，我们到底该怎样与这类挑剔的人交谈呢？

1.保持良好的态度，不与之争论

无论对方提出多少反对意见，我们都要保持良好的态度，不必与之争吵，因为彼此一旦发生冲突，我们的说服工作就只能中断。

2.找准对方挑剔的原因

对于这类本身个性就是爱挑刺的人，需要我们有良好的分析能力，能够从对方的反对意见中找出关键问题加以重点解决。关键问题，也就是那些对对方来说最重要的、本身最关心、与其关系最密切的问题。当你真正弄清了对方担心的问题，并采取有效的方法加以解决，就真正打破了阻碍我们说服的障碍。如此一来，说服对方也就更加容易了。

3.先肯定后否定

对于对方的挑剔行为，我们要礼貌应对，但这并不意味着我们要一味地顺从对方，此时，我们不妨委婉地采用先肯定后否定的方式。例如，如果你想说服一位客户，而对方对你的服务或是产品产生误解，你可以说，“您说的没错，不过……”这样一来，既表达了自己的意思，又维护了相对良好的谈话氛围。最重要的是，没有和对方产生语言上的冲突。

总之，对于那些爱挑刺儿的人，我们在与之交谈的时候，营造良好的沟通氛围是非常重要的。在此基础上，我们还需要想方设法解决对方提出的问题，只有消除了对方的疑虑，说服工作才能真正顺利地进行下去。

对脾气暴躁者要保持好的态度

人际交往中，我们总会接触不同性格的人，有些人性格急躁、脾气火暴，在沟通的过程中，他们总是显示出不耐烦，不够配合，这很容易造成沟通时的紧张气氛。说服这样的人，常常令我们感到头疼，毕竟脾气暴躁的人不易相处，但如果我们善用说服术，具备巧妙的沟通技巧，懂得选择适当的方式来平息对方的怒气，即便是脾气再差的人，我们也能应对自如。我们先来看看下面的场景。

张菲是一家商场电子产品专区的销售员，服务态度一直很好。

一天，一位先生气冲冲地找到张菲，说起了前一天在张菲这里购买的MP3。

客户："你昨天卖给我的是什么MP3，根本就放不出声音嘛！你们卖的这是什么产品？质量也太差了。"

销售员："真是太抱歉了，本来买东西是一件很高兴的事情，没想到却给您的生活添了麻烦。真是对不起。请问产品哪里出现了问题？我可以帮您进一步地解决。"（连忙放下手头的工作）

客户："我下载了歌儿，可根本没有声音。"（态度稍有缓和）

销售员："是吗？那我们来现场操作一遍看看，和您一起找找原因。"

张菲让顾客在现场操作了一遍，结果她发现了问题，原来顾客的耳机根本没插好，自然听不到声音。

客户："这，真是不好意思。"（一脸歉意）

销售员："不，是我昨天没给您安装好，责任在我。如果您在使用过程中发现有什么不懂的地方或是什么问题，尽管来找我。"

第二天，这位顾客又来找张菲，不是为了别的，而是又买走了一个MP3。

这里，客户气急败坏地来追问销售员张菲，而张菲并没有表现出不耐烦，而是心平气和地帮助客户解决了问题，并且给客户留下了好印象，从而带来了新一轮的生意。

因此，在说服他人的过程中，如果交谈的对象是脾气暴躁者，那么，我们最忌讳的就是与对方对着干。在言语上冲撞他，出言不逊，图一时之快，只会让说服难度加大。

生活中，可能我们有时候会刻意避开脾气急躁的人，或者看他快要发作时及时躲开，但是我们可能永远不和他们打交道吗？当然不可能，我们生活在这个社会中，就是要和各种各样的人打交道，并且要学会说服各种各样的人，那么，我们该怎样说服性格暴躁的人呢？

1.用真诚换取真诚

要想表达真诚，最主要的还是在言语上，要诚恳一些、热烈一些。用你内心迸发的热情来感染对方的情绪。其实，从心理学角度来说，真正有效的沟通是潜意识层面的，因为它在沟通中所占的份额比较大。也就是说，只有真诚地与人沟通，才能换取信任和支持。

2.双向交流

脾气暴躁的人虽然容易发怒，但他们并不是不讲理。因此，与他们交流时，你应该做到“坚持”。在听取对方的意见后，你应该首先表示感谢，然后对于不同的意见，你应该有理有据地进行反驳。如果你真的驳倒了对方，那么，他一般都会对你刮目相看。

3.避免争吵

任何交流，一旦转化为争吵，就会影响双方情绪，最终导致“双输”。另外，脾气急躁的人，一般自尊心都会比较强，他们不会承认自己是错误的。因此，你不妨大度一些，避免争吵。

4.注意聆听

与人沟通，不能一味地说，还要听，尤其是这类脾气急躁的人，他们更喜欢倾诉。当然，我们“听”，也不只是简单地带着耳朵听，还需要把对方表述的内容、意思把握全面，这样，当你向对方反馈的时候，才能与其想法一致，否则，如果你因为没有听清楚而急于表达自己的观点，那么，结果有可能适得其反。

5.肯定对方

性格急躁的人更希望被认同。当然，我们在肯定他们的同时，也不是简单地对对方说“是的”“对”这些话，而是有技巧可言的。你可以通过重复对方话中的关键词来表达认同，甚至也可以重复对方说过的话，这就表示你曾认真听对方说话，是一种尊重和重视的表现，相信对方会对你产生好感。

总之，要想说服那些性格暴躁的人，我们一定要保持良好的态度，不要总是将问题都归结到对方身上，即便是对方的做法欠妥，我们也要用真诚的态度打动对方。

第 08 章

犯了错误及时改正，学会道歉受人喜欢

生活中，犯了错不要紧，只要愿意认错，愿意为自己的错误负责，通过合理的语言表达歉意，照顾对方情绪，让对方感受到你的尊重，那自然而然是可以化解难堪情境的。犯了错误及时改正，学会道歉受人喜欢。

学会道歉，展现自我风度

作为一个有涵养和有风度的人，我们要养成向别人道歉的习惯，学会道歉的语言，掌握说话的技巧，这样，在日后的人生旅程上，我们对道歉的重要性将会有更深的领悟和理解，也为自己今后人际关系的建立奠定坚实的基础。

人活在世界上，每天都要接触到很多的人与事，在柴米油盐的日常生活中，少不了磕磕碰碰。谁也避免不了被人伤害或伤害别人，尽管有些伤害并不是有意的，但仍会成为我们生活中的矛盾。其实，这些矛盾可大可小，一句诚恳的“对不起”，往往是缓解双方紧张情绪的最佳方法。

作为一个社会中的人，我们要学会道歉，让道歉成为一种习惯，以此来展现我们的风度。然而很多人对道歉十分介怀，他们不愿意道歉。似乎在中国的传统文化中，“道歉”就是“犯错”的同义词，好像一旦道歉，就意味着自己做错了什么。

父母在教育孩子时，总是语重心长地告诉他们，“要做一个诚实、懂事的孩子，做错事情要主动道歉。”而当父母打骂孩子、误会孩子时，却什么也不说，他们觉得那是他们教育孩子的方式，是在行使自己作为家长的权利。在工作中，领导如果向下属道歉会被认为是“领导承认了错误”，而不是“领导为员工做出敢于道歉的榜样”，领导自己也会觉得无地自容。在这种社会环境中，没有人愿意主动道歉，人人都会想，“我要道歉就说明我错了，所以我不能道歉”。

可是，我们在与人交往时，又怎么会没有磕磕碰碰呢？家人、同事、邻里间的矛盾和冲突，总要有个人来解决。这时如果没有人先站出来道歉，那么后果就是双方越来越冷漠，越来越疏远，甚至到最后反目成仇。特别是在家庭中，很多因为家庭纷争而犯罪的罪犯在面对镜头时都会哭着后悔，如果再给他们一次机会，相信他们不会再犯同样的错，毕竟只有最亲的人才会组成一个家庭，他们不是为了伤害对方才在一起，如果在矛盾发生时，他们能真诚地向对方表示歉意，那么悲剧往往也就不会发生。

温大姐从事婚姻辅导工作很多年了，在她的帮助下，很多即将离婚的夫妇都破镜重圆，再度找回了家庭的幸福。问到工作的窍门，温大姐神秘地说，她的秘诀就是三个字，“对不起”。每当有发生纠纷的夫妇到温大姐这来时，温大姐总是分开劝解他们，她私下对每对夫妇说的话都大致一样，“我知道你受了不少委屈，但请你平心静气地告诉我，你有没有做错什么，你对自己做的事后悔么？”无论对方多么不情愿，最后总会向温大姐承认自己是犯了些错。然后温大姐再把夫妇两个都叫来，让他们把刚才的话都再重复一遍。尽管开始时两个人依旧赌气谁也不理谁，但后悔的话一说出口，僵局立马就解开了，两人的感情又恢复如初。温大姐说，这一句“对不起”包含了许许多多的感情，有时就是这一句对不起，能让双方重新找回在一起的希望，所以愿天下有情人不要赌气，遇到矛盾都自我反省一下，不要省下那一句“对不起”。

道歉不是“软弱”“失败”“犯错”的表现，在发生冲突时，我们总是习惯先指责对方，以此来为自己的失误开脱，这都是受了传统观念的影响。实际上，主动道歉并不是要我们“承认错误”，而是要我们对自己的行为负责。道歉的行为看似在示弱，实际上它能在无形中提升我们的尊严，懂得道歉的人能意识到道歉对维持良好人际关系的重要作用。我们要养成向别人道歉的习惯，掌握好人际关系中的说话技巧。

有时，我们不愿意道歉是因为不敢主动承认自己的错误，害怕自己会难堪。主动向对方道歉，自己会很难受，同时做起来也并不容易，但是道歉并不只是认错。当我们勇敢地用道歉来承担责任时，你会惊奇地发现，你也会收到来自对方的歉意，人际冲突也就此解决，你们自然能重归于好。

人非圣贤，孰能无过？我们可以反思下，自己是否曾无意间说过伤人的话，做过伤人的事？在你准备道歉前，内心是否良心不安；而坦诚的道歉赢得对方的原谅后，你是否感觉心里十分舒坦？真诚道歉的人会得到对方真正的原谅，当道歉成为你的习惯时，你就会得到所有人的接纳与支持，领悟到道歉的益处。

让对方感受到道歉的诚意

我们要按照道歉的步骤，利用好一些语句，帮助我们摆脱困窘的处境，让对方真正感受到我们道歉的诚意，与我们恢复到最初友好的关系。

道歉对维持一个人良好的人际关系起着重要的作用，因此，对于一个刚立于世的年轻人来说，学会正确有效的道歉是十分重要的。也许有人会说，道歉有什么好学的，不就是一句“对不起”吗？确实，“对不起”是我们日常生活中用得最多的一个词语，当你转身不小心撞到别人，或者忘记给朋友带约定好的图书时，这个词是很适用的。但是生活并不都是如此简单，当你遇到更复杂的情况时，一句“对不起”已经不能表达自己的诚意了。那么这时，我们该如何道歉呢？

1.真诚地承担责任

道歉是一种承担责任的体现，而不是为自己开脱责任的伎俩，你不能把道歉当作一种骗取别人原谅的方法。事实上，你的过失并不在于所做的事情，而在于对他人感情的伤害，也许在这场矛盾中，你伤害的是对方对你的信任，或者是对方的自尊。这时你必须要真诚地承担责任，承认自己的过失，如果你不是真心地道歉，那么每一个人都能看得出来。比如，一个重要的会议你迟到了，“对不起，我为没有尊重大家的宝贵时间感到道歉”绝对要比“对不起，今天堵车了”的效果好，前一句道歉能让人感受到你发自内心的真诚，而后一句你只在为自己的错误开脱，人们会欣赏前者的大方得体，而不满于后者的不负责任。

2.不要找借口

当你向对方道歉时，就代表着你已经决定要承担这个责任，因此这时切不可再给自己找一些犯错的借口，否则会让人感到你在辩解，没有道歉的诚意。即使有时的确有一些误会或客观原因夹杂在其中，你也不要在道歉的时候解释。如果你一定要解释，那也要先诚心诚意地承认自己错误的部分，并求得对方的谅解。

苏小姐的公司需要马上确认一项项目，而该项目报告在老板的办公室，老板目前却不在。时间越来越紧急，苏小姐只好到老板的办公室去找文件，正在她翻看文件时，老板推门而进，见此情景，有些不太高兴：“我不是告诉你，我不在时不要动我的文件吗？”苏小姐马上道歉：“我很抱歉翻看了您的文件，我以后绝对不会再做类似的事了，但是现在公司需要马上确认这个项目，请您在这个报告上签字。”老板一听，马上原谅了苏小姐，并表扬她以公事为重。

3.道歉要集中于自己的错误

诚恳的道歉是要让对方感到你已经反思了自己的错误，这时，你的道歉一定要集中于自己犯的错误，而不应该一边道歉一边指责他人，否则更像是在推卸责任。

安子是一家旅行社的导游小姐，有一次她在带团时遗漏了一个细节，就是忘记带公司分配的医药包。可恰巧这次旅游团里有个游客晕车晕得很厉害，不住地呕吐，他知道旅游公司一定会给导游一些晕车药，以防万一，因此他管安子要一些药。安子没有准备医药包，按理说这是安子的工作失误，因此她要对这个游客道歉，可是安子的说法让游客很不满。“我很抱歉啊，我没有带医药包来，我没想到你晕车晕得这么厉害。”游客听完十分生气，要到旅游协会去投诉安子和安子的公司，安子反而觉得十分委屈，她说：“我已经道歉了啊，为什么游客不能理解我一下呢？我的工作也很忙啊！”

直到最后，安子都不明白为什么自己的道歉收不到效果，其实是因为她在道歉时，没有集中于自己的错误道歉，而是不知不觉地把责任推给了游客，如果她换一种说法来道歉，可能效果就会大不同了。比如，“对不起，因为我的工作失误，我把医药包忘在旅馆了，请你坚持一下，我们马上就到目的地了，在那我们公司的同事已经给您准备好了药，非常抱歉，让您现在这么不舒服”。

4.尽力去补救

当然，你在道歉时，最主要的是为自己的错误埋单，而有些错误是不难补救的，这时，你就要尽全力去弥补，同时还要向对方确保自己绝不会再犯同样的错误，有时这样也会让对方更快地原谅你。

在补救时，你要从自己力所能及的事情上开始做，“我很抱歉，因为我的失误让公司承受损失，我已经重新修改了报告，不会再出现错误了，而且我已经想到了一个补救计划来挽回损失，请你批准”。

以上是道歉的4个基本步骤，一旦你能掌握这些原则，你就能在道歉时有效平息对方的怒气，获得对方的谅解。当然，有些人是很难交流的，即使是最真诚的道歉他们可能也不会接受，这种情况下事情已经无法挽回了，但并不是说你就可以不用道歉。世上没有后悔药，你能做的，就是真诚地去道歉，努力去弥补自己的过错。

态度坦诚，真诚道歉

一般情况下，我们饱含真诚的道歉总是能得到别人的原谅，这种发自内心的真诚不仅可以弥补破裂了的关系，而且可以促进彼此心理上的沟通，使双方关系变得更为牢固。

道歉是一件困难的事情，因为这可能涉及“面子”问题。然而当我们做了一件不利于他人的事情时，就应当对受到影响的人说声“对不起”，这是每个人的礼仪教育必修课。

在人际交往中，每个人都不可避免地会说错话、做错事，伤害人也在所难免。严重时，甚至会给别人造成沉重的精神负担和巨大的经济损失。这个时候，我们需要及时认识到自己的错误，真诚地向对方道歉，并主动承担责任。充满诚意的道歉，应该是语气温和，态度坦诚直率的，而不要躲躲闪闪，也无须夸大其词、奴颜婢膝，一股脑地往自己脸上抹黑。否则，别人不仅不会接受你的道歉，反而会认为你这个人非常虚伪，从而对你更加反感。

你要注意的是，道歉必须要诚心诚意，同时还要找准时机。我们在道歉时，不必找客观原因来为自己辩解。如果真的是有非解释不可的客观原因，也最好将其安排在诚恳道歉后稍微解释，而不要一开口就辩解不休，否则除了激化对方的情绪，加深彼此的隔阂之外，几乎没有其他任何作用。

然而在现在这个社会中，“对不起”其实已经变成了我们的一种社交辞令。有些人的道歉并不真诚，他们不会讲各种理由，而是直接就道歉，他们认为这种圆滑的方式比较容易得到对方的认同，因此更加拼命地道歉来博取别人的谅解。

其实说到底，道歉是日常生活中的一个重要环节，我们要想在繁杂的人际交往中游刃有余，关键就是要待人真诚，道歉时也要真诚，否则不会得到对方的原谅，也会给自己日后的生活徒添很多麻烦。

心心的记忆中有两个同学，他们都曾为自己的过错向别人道歉，然而得到的反馈并不一样，原因就是他们的道歉真诚与否。心心的一个小学同学，经常凭借自己的力气大欺负小同学，动不动就把同学打得鼻青脸肿。在老师的逼迫下，该同学屡屡向对方道歉。但由于道歉并非出于诚心，所以过不了多久他就又故态复萌。后来，大多数同学已经不再接受他的道歉，没多久，这位同学就被学校劝退了。心心的另一位同学曾因交通事故将一位过路人致伤，但他立即停车保护现场，并求人帮助抢救，还倾其所有支付费用，诚心地向伤者家属道歉。虽然最终没有挽救回伤者的生命，但他的诚心感动了伤者家属，得到了家属的原谅。

心心说，虽然这两件事不具有可比性，但给她的启示非常大。有时候，事情是否有转机全看这个人怎么做，无心为之却有心挽救，有心为之而无心弥补，对受影响的人来说心理接受程度是不一样的，所以第一位同学即使造成的伤害很小，也没有人愿意原谅他；而第二位同学虽然造成的伤害很严重，但他的诚心诚意感动了所有人，家属们都知道他尽了最大的能力去挽救，因此他获得了原谅。

现代社会的年轻人应该从这两件事中有所启发，事在人为，只要你真心地道歉，而不是仅限于“对不起”三个字，竭尽所能地弥补自己的过失，体现你的诚意，这样，别人就会原谅你，最终你会获得一份心安！

谨慎应对失言后的窘境

俗话说：“人有失足，马有失蹄。”在日常交际中，无论是平凡人还是名人，都免不了发生一些言语失误。虽然，这其中的原因各有不同，但失言造成的后果是极为相似的，有时会贻笑大方，有时会纠纷四起，有时甚至不堪收场。当然，失言并不是有心的过错，不过，这是交际失误，那么，失言后该怎么办呢？千万不要觉得话既然已经说出去了，就不作为，不补救，不承认错误，这是极为错误的做法。失言后，我们应该谨慎、坦然地面对，虽是无心之过，但也要诚恳地承认自己的错误，以求得他人的原谅。然后，再寻找一些方法进行补救，挽救失言造成的僵局，这样才能最大限度地降低失言带来的不良影响。

失言本是一时之过，却往往一失足成千古恨。因此，在日常生活中，一旦自己失言了，哪怕你没有想到补救的办法，只要你能承认自己的过失，诚恳地道歉，想必也能赢得他人的原谅。有的人在失言后不仅不追悔自己的过失，反而为自己辩解，这样就让人讨厌了，这样的言行必然也得不到对方的认同。

1.坦率道歉

如果因为自己的无心之说，而伤害了对方，或者造成了尴尬的局面，我们应该坦率地道歉，以补救失误，我们可以说：“说那样的话我深感遗憾，我愿意向你道歉。”以一份坦率的胸襟来面对自己的过失，以诚恳的态度赢得他人的原谅。

2.及时补救

失足了可以再站起来，失败了可以重新振作，我们失言后也同样可以用语言进行弥补，只要我们懂得随机应变，就能弥补自己语言的过失。比如，将错话加在他人头上，“这是某些人的观点，我认为正确的说法应该是……”又或者，将错就错，干脆重复肯定，然后巧妙地改变错话的含义，将本来的错误变成正确的说法。

机智挽回对他人的得罪之言

我们在日常生活中，有时难免会因为说话太随便，造成一些行为冲突，最后才发现自己得罪了对方。这时如果察觉到自己得罪了对方，那就需要用语言来挽回自己的过失，求得对方的原谅。在这样的情况下，语言表达是有一定的技巧的，因为我们本身是类似于“负荆请罪”的身份，所以在语言表达上，需要尽量讨得对方欢心，求得对方原谅。自然，我们在态度上应该是谦逊的，而不是倨傲的，如果你明明得罪了别人，竟还一副嚣张的态度，那首先对方就不会给你好脸色。因此，无论是说话语气，还是自身的行为态度，都应谦虚谨慎，尽量以真诚的语言打动对方，从而达到自己的目的。

袁世凯窃取了辛亥革命的果实，掌握了中华民国临时大总统权力后，整天做着自己的皇帝梦。一天，袁世凯正在午睡，一个侍婢端来参汤，准备等袁世凯睡醒后喝。谁知这个侍婢在进门的时候，一不小心差点摔倒，虽然把自己身子平衡住了，却将手中珍贵的羊脂玉碗打翻在地，化为碎片。玉碗的破碎声惊醒了袁世凯，他一见自己心爱的羊脂玉碗被摔得粉碎，气得满脸颤抖，大声吼道："今天我非要你的贱命不可！"

在这关键的时刻，婢女连忙跪着哭诉："这不是小人之过，婢女有下情不敢上达。"袁世凯大骂道："快说快说，看你死到临头，还能编出什么鬼话。"侍婢哭着回答："小人端参汤进来，看见床上躺的不是大总统。""混账东西，"袁世凯更加生气，"床上不是我，能是什么？""小人不敢说，怕人哪！"婢女哭声更大了。袁世凯气得站了起来，咬牙切齿地说："你再不说，瞧我不杀了你！"

"我说，我说。床上，床上……床上躺着一条五爪大金龙！婢女一见，吓得跌倒在地……"袁世凯一听，心中不由得一阵狂喜，心想，原来自己真的是真龙转世，一定会登上梦寐以求的皇帝宝座的。顿时，袁世凯怒气全消，还拿出厚厚的一沓钞票为婢女压惊。

婢女打碎了羊脂玉碗，打翻了参汤，这若是按照袁世凯的脾气，定是会下令砍头的。婢女自己也明白，如今得罪了袁世凯，肯定会惹来杀身之祸，这该如何挽回局面呢？聪明的婢女整日侍奉他，当然知道他最想的就是当皇帝。于是，她急中生智，编出了“五爪金龙惊落玉碗”的故事。这样的赞赏无疑是满足了袁世凯的真龙转世心理，顿时让他转怒为喜，而自己不仅捡回了一条小命，还得到了意外的赏赐。

在生活中无意得罪了他人并不可怕，关键是你需要用几句话及时挽回局面，否则将一发不可收拾，说不定就此断送了自己的职场生涯。对此，我们需要在平时多锻炼口才，让自己练就灵活多变的语言表达能力。这样一来，即使在紧要关头，我们也可以急中生智，以寥寥数语挽回对方对自己的信任。

第 09 章

会表达也要会提问，问对问题速达目的

世界潜能大师安东尼·罗滨说：“成功者与不成功者最主要的判别是什么呢？一言以蔽之，那就是成功者善于提出好的问题，从而得到好的答案。”在沟通过程中，提出一些好的问题，就可以引导对方思维，轻松达到自己的目的。

技巧反问，让对方更快作出决定

反问是为了加强语气抒发感情，用疑问的形式来表示充分肯定的一种修辞方法。在日常沟通中，我们可以采用反问这样一种提问方式。通常情况下，反问句的答案包含在问句当中，不需要解答。一般来说，从肯定方面反问，结论是否定的。如："不用心学习能取得好成绩吗？"这句话从肯定方面反问，结论是否定的，表示"不能取得好成绩"。从否定方面反问，结论是肯定的。如："这样用功还不能取得好成绩吗？"这句话是从否定方面反问，结论应是肯定的，表示"能取得好成绩"。

利用对方的"软肋"给予其适当的压力，适时反问，会令对方更容易作出决定，让他在压力之下不得不答应你的请求。如果我们想影响他人的心理，我们必须首先了解对方这个人。而要想了解一个人，最关键在于了解其软肋所在，了解他们心中有何种欲念，有怎么样的性格特征。然后，我们再根据对方的性格，寻求其弱点，用他们的喜好去引诱他们，这样就可以达到我们的目的。

萧伯纳的名剧《武器与人》首演时，获得了极大的成功，他应观众的要求来到台前谢幕。这时候，有一个人在首座高喊“糟透了”。对于这种无理的语言，萧伯纳并没有没有怒气冲冲，他微笑着对那人鞠了一躬，彬彬有礼地说道：“我的朋友，我同意你的意见。”他耸了耸肩，又指着正在热烈喝彩的观众说道：“但是，我们俩反对这么多观众又有什么用呢？”观众中顿时爆发出更为热烈的掌声。

面对无礼者的言语攻击，萧伯纳并没有正面回应，而是巧妙地反问，躲过了对方的攻击。而且，萧伯纳在发问时无论是温文尔雅的举动，还是那戏弄的言辞，都显示出一种平和的情绪，单单这种情绪就能压倒对方。

1.反问表达自己的观点

运用反问，能够把自己的观点说明白，把自己的感情表达充分。如：“这不是伟大的奇观么？”这个反问句，既表明了海上日出的确可以称得上是伟大的奇观，又赞美海上日出的壮观景色，赞颂大自然的神奇景象。

2.表达自己的情绪

皖南事变后，周总理愤慨至极，挥毫写下：“千古奇冤，江南一叶；同室操戈，相煎何急？”这一题词，严厉谴责了国民党反动派破坏抗日的行为。其中，最后两句，“同室操戈，相煎何急？”用的也是反问。真是千钧之力，表达了何等的义愤与沉痛之情。如果不是反问句，岂能表达出这样强烈的憎恨鄙视的感情！

善于提问，打开对方的话匣子

在生活中，我们经常会遇到这样的情况：有的人，即便认识了很久，也无话可说，或者说不到一块去；有的人，一见面两句话就聊上了，一见如故，好像有说不完的话。为什么会出现这样的情况？关键原因就在于有的人擅长提问，善于通过问题将话题重心引到对方的心坎上，留下“相见恨晚”的印象。心理学家曾作过研究，在所有成功的销售案例中，产品知识占比只有10%，而提问的投机则占了90%。所以，提问是非常重要的，在实际交往中，如何才能打开对方的话匣子呢？

有一次，王硕去拜访一位顾客。看到顾客家里墙上挂着“制怒”的条幅，就知道了对方有克服发怒的心理需求。于是，他就问那位顾客：“您平时很爱发脾气吗？”对方回答说：“我很容易冲动，虽然明知自己有这个毛病，却有时控制不了，为了提醒自己，就写下来挂到墙上，时刻告诫自己。”王硕便以此为话题谈论下去，先是表示非常理解对方，接着又谈出自己的观点，对方也接着就这一问题谈出感想，这样两个人谈得非常投缘，从而缩短了双方之间的心理距离，两个人都有“相见恨晚”之感。

我们从中不难看出，有些人之所以在陌生人面前面红耳赤、表情紧张、不知所言、十分拘谨，是因为他们没有细心观察，没有找到双方共同感兴趣的话题而已。大量事实证明，最好的提问方式是提出第一个问题后，然后再提出与之相关的问题，或者从被问者的答案中找到第二个问题，然后循序渐进，形成互动。第一个问题与第二个问题要有关联性，从而让提问者和回答者更加热情地投入到提问中来，形成友好和谐的互动。

伽利略年轻的时候就有着伟大的抱负，渴望自己能够成为一个出色的科学家。为了完成这一目标，他想进入学校学习。但是，由于家庭条件十分贫困，他的父亲对他的这一打算并没有太大的热心，根本不愿意去支持他完成学业。为了取得支持，他开始了对父亲的劝说。

伽利略对他的父亲说："爸爸，我想问您一件事，当初您为什么要和妈妈结婚呢？"

"那是因为我看上她了。"父亲回答说。

"那么，你有没有想过娶别的女人作为你的妻子呢？"伽利略说。

"没有，我对着上帝发誓，我从来没有过这样的想法。当初我的父母让我娶一位富家千金做妻子，可是我只对你的妈妈有感情，你的妈妈在我心中是最漂亮的姑娘，只有和她在一起我才感到幸福。"父亲说。

伽利略说："我能看得出来你说的都是实话，到现在为止我也知道你只爱我妈妈一个人。但是你知道，现在你的儿子面临着和你追求母亲时同样的处境。我深深地爱上了科学，除此之外，我对其他的行业没有丝毫的兴趣，财富和荣誉并不是我所需要的，我只喜欢科学。我对它的爱就像对一个美貌女子的倾慕。”

父亲说：“我不了解你所说的像倾慕女孩子那样迷恋科学是什么意思。”

伽利略说：“是的父亲，我现在已经十八岁了。我的同龄人，无论贫富，都在考虑自己的婚事，可是我心里想的只是科学，对婚姻没有任何的兴趣。我没有和人相爱过，相信今后也不会了，别人都想寻找一位漂亮标致的姑娘作为妻子，而我只愿意和科学相伴终身，当人们在我面前谈到婚姻这些话题的时候，我就会感到很没有意思。”

父亲没有说话，示意他继续讲下去。

伽利略继续说道：“我亲爱的父亲，我知道您是爱我的，但是您并不知道我到底想要什么。我拥有着别人不能比的才干和力量，也相信通过自己的努力会成为一个杰出的科学工作者，还能够获得教授的身份。我相信与科学为伍能够让自己活得更快乐，也相信能够比别人活得更好。因此，我需要你支持，来帮助我完成这一愿望。”

父亲为难地叹了一口气说：“我很理解你的想法，可是我实在是没有太多的钱去供你上学。”

伽利略说：“父亲，我并不是希望得到你在金钱上面的帮助。我相信通过自己的努力一定能够获得公爵的奖学金。但是，目前我所缺少的是一个进入公爵学校的机会，你在佛罗伦萨有许多的好朋友，他们应该就能够帮我完成进入公爵学校的梦想。当然，我相信这件事依靠你自己的能力也是可以达到的，你只要找到公爵的老师奥斯蒂罗·利希就可以了，他是了解我的，并且十分欣赏我的能力。”

父亲终于被说动了：“嗯，你说的并不是没有道理，相反，我倒觉得是一个好主意……”

伽利略趁热打铁，抓住父亲的手臂，诚恳地说：“父亲，我求求你，只要你尽力而为，我相信一定能够帮我完成这一心愿的，我保证会成为一个伟大的科学家来报答你的。”

父亲终于被伽利略说服了，找到了公爵的老师，完成了儿子的心愿。伽利略没有食言，几十年之后，他终于成为了举世闻名的科学家。

从对方的兴趣入手提问，是对别人的尊重，这种将心比心的态度会让谈话有一个良好的开端，接下来，哪怕是再棘手的问题也将会迎刃而解。如果只是自己主观臆断，不选择正确的说话方式，信口直说，以软磨硬泡的持久战方式来逼迫对方就范，而忽视对方的心理感受，让对方的自尊心承受不了，那么，即使坚持再长的时间恐怕也是无济于事的。

那么我们该如何让对方打开话匣子呢？

1.模仿对方

山田久二是日本非常有名的一个推销大王。他成功的秘诀就是说话看对象，见什么人说什么话，积极求同。他不仅模仿对方的口音、语言、身体姿态，还依据对方的爱好、职业等特点来装扮自己，使对方感到特别亲近可靠。其实，每个人都希望他人与自己是同类人，而模仿对方无疑给对方一种志同道合的感觉。

2.从对方的兴趣爱好说起

每个人都有自己的兴趣爱好，如果你表现出对他人的喜好很感兴趣的样子，这会令对方心情相当愉悦。因此，我们在谈话过程中，需要了解对方的兴趣爱好，尽可能地将话题先从对方的兴趣爱好说起。

3.从对方得意的事情说起

每个人都渴望得到他人的尊重与认同，尤其是对于自己所取得的成绩。我们在求人办事的时候，不妨从对方得意的事情问起，给对方送一顶高帽子，他一定会乐意帮助你的。

有很多人觉得，和陌生人交谈，因为彼此间不太熟悉，没有办法找到共同语言。其实，这只不过是一个借口罢了。毕竟，我们生活在同一个时代，成长于同一片国土，只要是善于寻找，就一定能够寻找到共同语言的。只要能够心细一些，留意观察，就一定能够寻找出彼此间的共同话题。

精巧而有吸引力的提问

爱因斯坦说：“提出一个问题往往比解决一个问题更为重

要。因为解决问题，也许是技能而已，而提出新的问题，新的可能性，从新的角度去看旧的东西，却需要创造的想象力，而且标志着科学的真正进步。”提问，对于老师课堂教学而言，亦是如此。老师在教学过程中，经常会有这样的疑惑：一样的问题，这样问，学生只会发呆，那样问，学生似乎马上就明白了；有的问题抛出去，一石激起千层浪，有的问题丢出去，却是一潭死水。出现这样情况的症结在于是否善于提问，老师是否科学地设计出灵巧、新颖、容易激发学生思考的问题，是其教学是否成功的一个关键。

精巧而有吸引力的提问，不但能够激发学生的学习兴趣，提高思维、培养能力，而且是强化课堂教学效果最直接最有效的手段之一。对于老师而言，如何根据教材、教法的不同和学生的实际情况，精心设计问题，作好课堂提问，是一个值得长期探讨的课题。

这是老师在教小学三年级下册课文《雪儿》时的一个片段：

老师：“大家读完第2个小节后，能不能说说这是一只什么样的鸟？（第1问）”

学生：“这是一只受伤的鸟。”

老师：“你从哪里看出它受伤了呢？（第2问）”

学生：“我从“翅膀受了伤”这句话可以看出它受伤了。”

老师：“对。你还从哪里可以看出来呢？（第3问，重复第2问）”

学生："我还从'它的身子很脏，眼睛里充满哀伤'这句话看出它是只受伤的鸟。"

老师："作者看到这样一只受伤的鸟，表露了怎样的心情？（第4问）"

学生："他很难过。"

学生："他很心痛。"

老师："是的。到小作者手里，它变成了一只什么样的鸟？（第5问）"

学生："变得雪白雪白的了。"

老师："作者是如何做的呢？（第6问）"

学生："他和爸爸给它洗了澡，敷了药，取名为'雪儿'。"

老师：这样做的目的是什么呢？（第7问）

学生：让雪儿在家里安心养伤。

老师："'从此，我每天和雪儿一起到阳台上去看蓝天。'小作者和雪儿一起去看蓝天的时候，在想些什么呢？（第8问）他会想些什么，小鸟又会想一些什么呢？（第9问，对第8问进行澄清）"

这个案例，在短短150个字的段落中，这位老师提问了9次，其中重复提问1次，澄清问题1次。从表面分析，这是老师在与学生不停地对话。不过，只要我们认真观察，大部分的问题都是能够从课文中直接找到答案、不需要思维加工的问题。这是一种高频率、低水平的提问方式，问题小，简直是串讲串问。随着老师的提问，学生的思维只能被动地跟着亦步亦趋。而且，这样一对一的问答形式只能让少数的学生受益，而让大部分的学生处于发呆的状态。

1.提出针对性的问题

老师提问时，抓住了重点，也就抓住了方向。重点问题解决了，那教学的任务也就基本完成了。比如，老师在引导学生学习朱自清的《背影》这篇文章的时候，就可以设计这样的问题：朱自清笔下对父亲的背影描写有几次？作者有几次相应的流泪？这样学生很容易从文中找出相应的句子，概括出来之后能够看出父子之间内敛而深厚的感情，从而抓住文章写作的最大特点。

2.提出启发性的问题

学生对每篇课文的学习，并非一开始就感兴趣，所以老师的提问要针对学生的心理特点，采用不同的方式调动他们思考的积极性。在课堂上，老师可以设计一些学生感兴趣的问题，使他们思维活跃，思路开阔，可以根据自己的知识发散性思考。这样的提问有助于调动学生思考的积极性，培养学生的理解力和想象力，促使他们自然地了解到文章的内容与主题，收到良好的教学效果。

3.提出连续性的问题

一节课教学重点的突破，常常不是一两个问题就可以解决的，而是需要老师在课堂上连续发问，层层递进。这样一来，前一个问题就是后一个问题的前提，后一个问题就是前一个问题的继续，每一个问题都是训练学生思维发展的一步阶梯。在这个时候，老师应该减少无效、无谓、无用的提问，节约出一定量的课堂教学时间。

4.注意提问的停顿

课堂提问假如只是一味地直来直去，不仅令学生感到寡然无味，而且在一定程度上妨碍了他们思维的发展。假如老师将问题用灵活的方式提出，那就会促使学生开动脑筋。灵活地提问，可以变换提问的角度，让思路“拐一个弯”。从问题的侧面或反面，寻找思维的切入口。

5.提出灵活性的问题

老师提出问题之后要注意停顿，通常情况下，课堂提问是由少数学生发言回答，假如提出问题后马上指定学生回答，甚至先叫人后再提问，那学生思考就不带有普遍性。这种提问方式只能使回答问题的学生认真思考，却不能顾及全体学生。

6.提问要善于融合知识

课堂提问，目的是使学生在掌握知识的同时，训练和提高思维能力，所以老师应善于从不同的角度来启发学生，使学生可以掌握解决同一问题的多种解答方法，这样一方面可以拓宽思维的空间，另一方面又可以培养发散型思维能力。

表达对对方的理解之情

在实际沟通中，要想与对方成为朋友，就要学会分享他的思想和情感；要想对方能够敞开心扉，就需要解除他的心理防线。尤其是在提问的过程中，我们要给予那些回答问题的人及时的反馈，制造出共鸣，表达对对方回答的理解之情。绝大多数人在面对陌生人的时候，都会不由自主地建立一道心理防线，在他眼神里满是戒备和冷漠。但是，如果你能够让对方感觉你们是同等位置的人或者正好你们的喜好兴趣都是相似的，那么在你们之间就会产生共鸣。他会觉得你是可以信赖的朋友，是可以谈心诉苦的朋友，自然就会对你敞开心扉。

小张是公司采购部的调查员，这次他被委派到乡下调查村民的蘑菇收成情况。当天他由于处理一些事情错过了最后一次班车，而离镇上的招待所又很远，于是不得不想办法找一户人家住一晚。但是他一连问了好几家，都被主人婉言拒绝了。对此，小张倒也能理解，毕竟谁也不愿意留一个陌生人在家里住宿。可是，眼看着天越来越黑，小张决定再最后碰碰运气。

当小张又敲开一户农家的门时，开门的是一位老大爷，只见他一脸戒备地问道："你是谁？你有什么事吗？"

这次，小张并没有直接说自己想投宿的意思，而是说："大爷，我听说这个村子里有几家种蘑菇的能手，听说他们对蘑菇的研究比专业的研究人员还厉害，我是公司采购部的调查员，准备调查一下他们的蘑菇收成情况，但是不知道那几家住在哪里，所以向您打听一下。”

那位老大爷听了小张的话，脸上的神情立即缓和了下来：“小伙子，你进来慢慢说吧，这天都黑了，外面黑灯瞎火的，你怎么赶路呢？”

小张连忙道谢，跟随着老大爷一起进了屋，小张看了看老大爷的屋里，不经意发现了很多晒干的蘑菇，小张走上前去，拿了一朵蘑菇放在手里观察，发现被晒干的蘑菇，色泽鲜亮，异常饱满硕大，小张不禁问道：“大爷，这些都是您自己种的蘑菇吗？您可真会种蘑菇啊！您就是村里几家能手之一吧！”

老大爷听了，乐呵呵地笑了：“你还别说，我这辈子其他没有什么好说，就数种蘑菇有了点成绩。”

小张不禁向老大爷竖起了大拇指：“这已经是巨大的成绩了，您种这种蘑菇有什么讲究吗？”

一个问题打开了老大爷的话匣子，这一老一少就种蘑菇的话题说开了。当然，那天晚上小张就住在了老大爷的家里。

小张并没有直接说出自己想投宿的意思，但是他住宿的目的达到了。在这里，他就采用了攻心的策略，在了解了对方的心态之后，适时提问，将话题围绕大爷展开。他用老大爷引以为豪的种蘑菇作为提问的切入点，迅速就把双方之间的感情距离缩短了，从而赢得了老大爷的好感。

在沟通过程中，人与人沟通是很难在一开始就产生共鸣的，尤其是当我们试图说服对方或者对他人有所求的时候，可是，如何从中寻求到共鸣呢？共鸣是一种强烈的心理感应，意味着双方之间有共同的心理体验。所以，当对方在回答我们所提出的问题的时候，我们需要及时给予反馈，表达出对对方回答的理解之情。

伊丽莎白·洛亚科是一位澳大利亚人，她采用了分期付款的方式买了一部车子。但是由于种种原因，她已经有六周的时间没有按合同交款了。一个星期五的上午，管理洛亚科分期付款的负责人给洛亚科来了电话，他在电话中愤怒地告诉洛亚科，如果下周一上午不把钱交上的话，他们将采取进一步的行动。刚好又是周末，洛亚科没有筹到钱。于是这名男子又在星期一给洛亚科的电话里说了更多难听的话。当时洛亚科先真诚地道歉，说真的是给他带来了很大的麻烦，而且因为自己六周没有付款，一定是客户中最让他头疼的。这名男子听了洛亚科这一番话后立即改变了态度，说洛亚科并不是最让他烦心的，并且还举了几个例子来说明。他说有一个客户经常撒谎，有心躲着不见，还有的非常不讲理。洛亚科没有说话，只是静静地听着，让他把心中的不快都说出来。最后，还没有等洛亚科提出什么要求，这名男子就主动说如果洛亚科不能马上交还欠的钱也可以。只要洛亚科在本月底先付给他20美元，然后，在她方便的时候再把其余的钱交给他就可以了。

洛亚科真诚地道歉后，双方谈话的气氛开始发生了变化，洛亚科开始并没有为自己争辩什么，而是表达出自己的理解之情。那位男子语气也开始变化，他发了自己的牢骚后，居然也没有继续追问付款的事情，而是同样站在洛亚科的立场上，再给洛亚科宽限数日，就这样，双方都愉快地结束了谈话。

1.站在对方的角度想问题

如果我们在听取别人答案的时候，能从对方的观点去想，站在别人的立场分析事情，就能够得到对方的认可和信赖，并促使整个谈判走向和谐。由于换位思考，可以感同身受地体会到他人的难堪与苦恼，所以，在沟通过程中，我们希望得到他人的支持，希望别人能感受我们所感受的，最好的办法就是让对方站在自己的立场看待问题。这样，他就能真切地感受我们所面对的难处，自然而然就会全力支持我们。

2.重复对方回答中的某些话语

当我们提出问题之后，对方定会针对我们的提问作出一些回答，这时我们应该仔细倾听对方的回答，并适当重复这其中的某些话语，表达出自己的理解之情。这样，对方就能感觉到我们内心的真挚，自然会对我们产生好感。

站在对方的角度上提问

在日常沟通过程中，许多人对我们最初谈及的话题并不感兴趣，这时我们该如何通过提问达到自己的目的呢？我们不妨先认同对方的观点，听完对方的谈话之后，再站在对方的角度上分析问题，体现同理心，这样更容易被对方所接受。

同理心是指在人际交往中，体会对方的情绪和想法，理解对方的立场和感受，并站在对方的角度思考和处理问题。换句话说，同理心就是站在对方立场思考问题的一种心理。在已经发生的事情中，把自己当成对方，想象自己会由于何种心理导致这样的结果，最后触发了整件事情。在整个心理过程中，由于自己先接纳了这种心理，所以也就接纳了对方的这种心理，最后谅解了这种行为，这与古人所说的“己所不欲，勿施于人”如出一辙。在人与人之间的沟通过程中，“同理心”始终扮演着重要的角色。利用同理心提问，要求我们站在对方的角度，同情、理解、关怀对方，接受对方的内在需求，并感同身受地予以满足。利用同理心提问，可以从对方言语的细微处体察对方的心理需求，从而通过语言表达出惺惺相惜的感觉，以至最终影响其心理。

站在对方的立场来思考，设身处地，洞悉对方的心理需求，再进行引导、影响对方心理，最终说服对方。灵活地运用同理心提问，能够有效地影响对方心理，与对方实现内心的对话，最终达到我们的目的。

那么，如何利用同理心提问，与对方惺惺相惜呢？

1.“我想听听您的看法，您可以给我说说吗”

当对方表露出与自己全然不同的想法时，你应该以同理心说：“我想听听您的看法，您可以给我说说吗？”并通过语言分析强化对方想法的正确性，站在对方的角度，再进行积极引导，通过同理心产生的作用影响其心理，达到我们的目的。

2.“如果我是你，我也会这样做”

汽车大王福特说：“假如有什么成功秘诀的话，就是设身处地替别人着想，了解别人的态度和观点。”因此，当对方说出了自己的决定时，我们应该强调对方这种做法的合情合理性，了解对方现在的心理矛盾，再巧妙地以提问说服对方。

3.“咱们都是一家人，你说是吗”

当你仔细观察对方身上所具备的特征之后，你会发现在你们之间其实也有许多相同点，而我们需要的就是传递出“咱们都是一家人，你说是吗”这样的信息，通过同理心来影响对方。比如，“张先生，我也姓张，咱们五百年前可是一家人啊，你说是吗？”“王姐，您也是东北人啊，真是太巧了，我也是东北的。”

4.“同是天涯沦落人”

相同的经历会有相同的感受，相同的感受自然会使你们惺惺相惜，我们要巧妙地利用同理心说话，比如，“你以前在广东工作过？我早些年也在广州工作过。”“李姐，咱们做女人真的是不容易啊，既要照顾家庭，又要照顾孩子，生活压力真大啊！”以此来影响其心理，再通过适时提问达到我们的目的。

多倾听，少询问

在倾听对方说话时，有时候我们应该学会了解对方的苦衷，对于某些话不要开口问，因为你即便是问了也问不出个所以然来，还会让对方觉得你是一个不善于交流的人。最成功的倾听者，什么时候认真听，什么时候开口问，该问什么，不该问什么，这些方面都能够拿捏准确。他会让说话者觉得，他就是一个贴心的听众，能够及时地照顾到说话者的心理。而对于我们来说，倾听对方说话，也需要达到这样的程度。

有时候，对方会向我们倾诉内心的苦闷，发泄内心的情绪，这时我们只需要做好一个听众的本分工作，用心倾听、用心理解就行了，而对于对方内心的某些苦衷，最好是不要开口询问。毕竟对方有自己的苦衷，他不愿意将这些苦衷告诉任何人，即便你是他最信任的人，他也不会开口对你说，因为某些事情只适合隐藏在心里，他说了，其自尊和隐私在你面前就会受到影响了。所以，在日常沟通中，我们需要了解对方的苦衷，对于一些话不要问。

公司的董事长已经年近60了，但他对公司里的大小事情都是亲力亲为，每天按时到公司报到，视察车间工作，关心员工等。每每看到这位慈祥的老人，员工们都感到一种莫名的感动，尤其是董事长的司机老王，因为这么多年以来，他一直待在董事长身边，亲眼看到了董事长经历了许多事情，私底下，他与董事长就好像一对老朋友一样。

车子平稳地行驶在宽阔的马路上，董事长突然开口说："老王，你知道最近员工们都在议论什么吗？"老王摇摇头，其实他当然清楚，最近，许多公司里的员工都在议论：为什么董事长这么大年纪了还亲自管理公司？好像从来没看到过董事长的接班人？董事长感叹一句："我那个不孝的儿子，也不知道到底要折磨我到什么时候，我已经没有力气接管这个公司，可他一直在国外，不肯回来。"

老王当然知道，董事长所说的不孝子，也就是公司未来的接班人，但多年前因董事长夫人过世，对董事长充满了怨恨，在一次大吵后，一气之下去了国外生活。这么多年虽然董事长亲自过去看他，请他回来，但那位少年性子太倔强，一直不愿意回来接替董事长的位置，这也是董事长一直忧虑的原因。但老王没有开口问，也没多说，只是安慰道："或许，有一天他想通了就会回来了。"

案例中，当公司里很多同事都在议论董事长家里的事情时，作为多年跟随着董事长进出的司机，老王自然知道其中的秘密，但他也知道这是董事长内心的苦衷，因此当董事长问到的时候，老王假装不知道，他不是真的不知道，而是怕勾起董事长内心的牵挂。后来，董事长主动说到了自己的儿子，老王也没有多问，只是说了一句安慰的话，因为他明白，董事长只需要有人理解他的苦衷。

与所有人一样，领导者内心也有很多烦恼的事情，可以说他们的烦恼比我们更多，因为不管公司里的大事小事，他们都在操心。处于领导这个位置，他们所遭受的压力比任何人都大，他们的任何一个决策都将影响到公司的发展，因此，他们不得不处处小心，步步为营。在现实工作中，我们只看到领导表面风光的一面，却难以理解其背后的艰辛。

这天中午，小张去办公室向经理递交文件。就在经理正看文件的时候，小张随口说了一句："也不知道小李最近怎么了，工作也没精神，今天早上竟然破天荒地迟到了。"经理头也不抬，应付道："估计是他自己出什么事情了吧，调整调整情绪，应该很快就会恢复正常工作的。"

小张听了经理的话，并没有停止说话，而是越说越起劲："也不知道出什么事情了。好像我听说是跟女朋友闹分手，其实我们一起工作一两年了，我也多多少少了解他跟他女朋友的情况，两人大学就开始好上了，但大学毕业后，现实问题就摆在了面前，房子、车子、钱，这些都是问题。小李跟我一起进的公司，那会儿跟他女朋友感情还很好呢，结果不到半年，就听闻有个富二代在追他女朋友，刚开始，他女朋友坚定拒绝，可后来，兴许是被这个世界迷惑了，竟然决定要和小李分手，这不，小李这两天正痛苦着呢！”

经理已经看完了文件，签了字，听完小张所说的话，经理似笑非笑地看着小张：“看来，你在办公室人缘不错嘛，同事的事情你都弄得一清二楚。”听到第一句话的小张还笑呵呵的，但听到第二句话，他脸红了，这才意识到自己不该在领导面前说小李的这些事情，现在，领导算是对自己有看法了。

通常情况下，那些随意说同事事情的下属，在领导面前，无非只有两个标签：说三道四、不可靠。如果你连自己的工作都没做好，就去说这些事情，那领导更有理由责怪你：“不好好工作，却乱嚼舌头根子。”到时候，只会让领导心生厌恶。

在日常交际中，人们总因为事业或生活遭遇一些烦心事，如事业遭遇瓶颈，家庭不和睦，儿女升学问题，等等。通常情况下，人们总会将这些事情埋藏在心底，不愿意被人知道。当然，有时候，人们也会因心里太过苦闷，而向身边的人吐露几句，以解内心苦闷情绪，这时我们作为听者，应该善于了解对方的苦衷，对于一些问题，不宜多问多讲。

第10章

唇枪舌剑也不输阵，谈判也能顺利顺心

口语在谈判时发挥着举足轻重的作用，在实际谈判过程中，谈判者须运用准确、得体、恰当、有力、生动、巧妙、有效的口语表达策略，与对方进行沟通，以达到特定的目的，赢得良好的口语表达效果。

欲擒故纵，让对方主动妥协

生活中，可能很多恋爱高手都会使用这样的一招：想要抓住你，却故意装出一副不理睬的样子，这样更加吸引了你的注意，他使用的就是心理学上的欲擒故纵术。欲擒故纵中的“擒”和“纵”，是一对矛盾。军事上，“擒”，是目的，“纵”，是方法。古人有“穷寇莫追”的说法。实际上，不是不追，而是看怎样去追。把敌人逼急了，它只会集中全力，拼命反扑。不如暂时放松一步，使敌人丧失警惕，松懈斗志，然后再伺机而动，歼灭敌人。

美国的一家航空公司要在纽约建立一座规模庞大的航空站，他们找到实力强大的爱迪生电力公司，希望该公司能在电价方面给予优惠。

这是一笔航空公司向电力公司求助的买卖，所以，电力公司自认为掌握了谈判的主动权。因此，电力公司态度强硬，他们告知航空公司，降低电价，是不可能被公共服务委员会批准的，所以，他们也不敢擅作主张。

面对谈判中出现的这一难题，航空公司马上作出相应的反击，他们明确表示，如果电力公司不给出优惠电价，那么，他们会马上从项目资金中抽出一部分来建发电站，这就意味着电力公司将失去一个最大的用户，其经济损失将是不可估量的。

航空公司此言一出，电力公司便慌了神，他们马上改变了原来的傲慢态度，找到公共服务委员会，请求委员会从中说情，表示愿意给予航空公司最大的优惠价格。于是两家公司顺利地达成了协议。

人都是这样，得不到的都是最好的。航空公司在这次谈判中之所以能以优惠价格与电力公司达成协议，就是因为他们抓住了电力公司害怕失去这单生意的心态，然后对其下出了最后通牒，电力公司权衡之下，纵使无奈，也只好答应航空公司的条件。

每一个谈判者，尤其是那些优秀的谈判者，大都有自己的谈判态度和谈判特点。这种态度和特点会使他们在面对谈判局势时，有意无意地支配自己的行为。但无一例外，谨慎提防都是他们的共同谈判态度。而这，也成为很多领导干部谈判时头疼的问题，似乎不管如何引导对手，对方都不妥协。其实，既然如此，何不唱唱反调，欲擒故纵呢？欲擒故纵策略即对于志在必得的交易谈判，故意通过各种措施，让对方感到自己是满不在乎的态度，从而压制对手开价，确保己方在预想条件下达成协议。

我们都知道，要想让对方接受我们的想法和意见，从而影响他，就必须要先探清对方的内心世界。但事实上，人们出于自我保护的目的，内心世界往往是隐蔽的，对谈判对手也都是谨慎小心，此时，你可以从反方向入手，欲擒故纵，从而让你在谈判中豁然开朗。

但领导者在采用这一策略时要注意以下几点：

1.立点在“擒”

因此，“纵”时应积极地“纵”，即在“纵”中激起对手的成交欲望。

激的手法是：一方面表现你的不在乎，成不成交与你利益关系不大；另一方面要尽可能揭示对方的利益，处处为其着想，让其不愿被“纵”。

可见，使用欲擒故纵策略最关键的就是，务必要使那些刻意为之的假象让人相信。所以，为使这些信息看起来显得更真实一点，你最好不要亲自传达，而要借用第三者之口发布。

另外，在态度上，你最好不要表现得太过热情，要尽量做到不紧不慢、不冷不热，越是表现得不在乎，你“纵”的动机就越真实。

2.在冷漠之中有意给对方机会

如果我们选择时机给对方机会，最好在其等待、努力之后，这会让其感到珍贵。比如，当对方迫切地想知道你的态度时，你可以绕开对方的提问，将交谈中心转移到一个更为轻松的话题上。当对方已经表现得很着急时，你不妨说“这个问题可以缓一缓”或是“这是下一步我们要谈的问题”。

但是，对于对方想知道的，我们也不能“一棍子打死”，不给他知道的机会，而应该晚一点说，吊吊对方的胃口，一来对方可以充分同我们作好配合，二来他也会更加主动一点。因为此时他只知道会有利益，却不知道会有多大的利益，所以他一般都会尽量满足你的要求。

3.注意言谈与分寸

即讲话要掌握火候，“纵”时的用语应尊重对方，切不可羞辱对手。否则，会转移谈判焦点，使局面失控。

当然，谈判中，我们在运用这一策略的时候，一定要注意：要了解对方的性格，如果对方是个急性子并大大咧咧，你可以对其“愚弄”一番；而如果对方心思细腻的话，你就要慎用这一方法，以免因小失大，失去谈判机会！

丑话说在前，掌握主动权

任何一个经历过谈判的领导者都深知主导权对于谈判成功的重要性，从某种意义上说，谈判过程中双方争夺的也就是主导权。因此，为了避免在谈判中留下“后患”，我们应该在谈判时“丑话说在前面”。然而，并不是所有人都认识到了这一点，导致在谈判中很容易处于劣势，处处显得很被动，其节奏也往往被对手所控制，最后频频让步，以至于还要去争取突破底线的条件，最终导致谈判破裂，达不成交易。我们先来看下面这样一个案例：

一天，某商场专柜来了一位年轻时尚的小姐。

销售员："小姐您好，您的眼光真好，我们专柜的包包是国内很知名的品牌，这几款都是今年的新款，都是针对您这样时尚靓丽的女性设计的。依我看，这款玫红色的包包就很适合您。"

客户："是不错，我感觉挺好的，可是这价格有折扣吗？"

销售员："这款包包的确挺适合您这样时尚大方的女孩子。不过我们这些包包都是新款，是不打折的。如果是我，也会觉得有点贵，不过一分价钱一分货，我们这款包包之所以价格相对较高，是因为它不仅颜色鲜艳、时尚，而且款式设计新颖、不俗套，看起来非常高贵、典雅，是一种品位和个性的表现，如果相对于这些来说，这个价格绝对是划算的。"

客户："可是我还是觉得贵，要比普通的包包贵出几百块呢！"

销售员："您说得没错，一般的包包真的便宜很多，但可能是我还没有解释清楚，这款包包不仅外观吸引人，而且皮质非常好，最重要的是，我真的觉得这款包包很适合小姐您，可以说与您的大方气质相得益彰。您用再合适不过了。"

客户："我是挺喜欢的，可是真的不打折吗？"

销售员："是的，小姐。如果您真的喜欢，就拿上吧。这可是限量版的呢，国内就几十款，如果您以后想买的时候很可能厂家就不生产了呢。那样的话您一定会觉得遗憾。”

客户：“是吗？那我就买这款了。”

案例中，这位销售员是精明的，当她发现客户看上了专柜中的这款包包后，立刻迎上去并承认客户的眼光，而当客户提及价格问题时，她先澄清价格贵的原因，这样就打消了客户还价的念头，于是，客户最终决定购买。

其实，在谈判过程中，我们也可以借鉴这位销售员的经验。在交涉前，先把丑话说在前头，就能守住自己的谈判底线，也就能最终掌握谈判的主导权，从而让谈判结果有利于自己。

那么，具体来说，我们该怎么做呢？

1.做足准备工作，先发制人

在谈判之前，你必须要做到知己知彼，不但要清楚自己的情况，还要了解你的对手。为此，你不能完全指望谈判桌上的那几分钟，而应该事先就收集多方面的资料，然后加以分析，找出对方的优势、弱点、底线等。以商务谈判为例，你可以先到对方的销售点看看，从工作人员那里得知一些情况，这能使你在谈判桌上更有底气。

在做足这些准备工作之后，你应该尽可能地收集好一切“可借助的力量”。只有这样，谈判一开始，自己才会处于有利的局面之中。

那么，谈判中“可借助的力量”是由哪些因素决定的呢？同样以商务谈判为例，进行商品买卖时，需求与供给的平衡状况就是重要的决定因素。对供给方来说，自己所提供的产品的需求量越大，对自己就越有利。对于商品生产者来说，如果能够生产出其他公司所不能生产的产品，或者与其他公司相比，能够准时地提供更为优质的产品，那么就对自己更为有利。

2.保持冷静

冷静是任何一个谈判者都必须要具备的心理素质。为什么这一点如此重要？在谈判中，双方在利益上多半都是对立的，暴露自己的情绪无非就是给对方控制我们的机会。正如人们常说的："谁先暴露自己，谁就输了。"因此，无论对方说什么，你都必须要控制好自己的情绪，保持冷静，也不要急于成交。

的确，你最应该优先考虑的，是你自己的谈判目的。同时，不要太在意谈判结果，尊重对手，轻松面对。

3.划定谈判范围

谈判双方一口气将谈判结果敲定的情况往往是少见的，多半都会存在某些疑义，这时候，需要双方都退一步，但你必须要明白自己退步的底线，也就是要了解自己接受条件的范围。比如，就商务谈判而言，付款方式就是一个没有商量余地的条件，因此，你应该事先声明的是，其他都可以谈，但必须现款交易。这样，在了解彼此的底线后，双方也免得费唇舌，浪费时间。当然，有时候，如果你觉得一旦提出这样的底线就可能使谈判破裂，那么，你就要慎用这种方法，因为必要时候，你还是要作出一些妥协的。

4.从共同利益点出发

在谈判中，一些人过分强调彼此间的分歧而忽略了双方应该达成共同目标，实现双赢。事实上，如果你能站在对方的角度，多替对方说说话，那么，有时候，对方是愿意作出让步以实现共同利益的。这样的谈判结果往往会令双方都可以愉快地接受。

可见，在谈判中，并不是谁说得多，谁就说了算。谈判过程就是一场主导权的争夺战，领导干部们一定要认识到这一点，将主动权始终牢牢掌握在自己手中！

克敌制胜，引导谈判趋势

现代社会，在很多领域，人们都需要通过谈判来解决问题。但成功谈判并不是一件易事，首先就要求我们在谈判中把握主动权。的确，任何谈判实质上都是在打心理战，谁先丧失主动权，谁就先败下阵来，要想克敌制胜，就必须始终引领对方的思维。

曾经，有个商人，听说卖沉香很赚钱，就到外地买了一车沉香，然后去市集卖。谁知道，因为沉香价格比较昂贵，很少有人会买。令他沮丧的是，旁边一个卖木炭的小贩，居然不到半天就把一车木炭卖光了。商人心想，沉香卖不掉也不是办法，于是，他绞尽脑汁，想到一个办法，并且，为自己的智慧感到很骄傲。

原来，商人的办法就是将沉香焚烧成木炭，果然，他一把火将一车名贵的沉香烧了，当然，他的新货也一下子被抢光了，他还高兴地数着自己卖到的钱。

看完这则故事，我们不禁会想，这个商人真是愚蠢之极，他虽然卖出去了商品，却失去了更多。

谈判中，我们发现也有这样一些谈判者，他们的性子太急，做事总是匆匆忙忙的，尤其是在最后阶段，在说服对方的过程中，他们不仅没有掌控对方的思维，反而被对方牵着鼻子走，最终在谈判中失利。为了避免这一点，我们在谈判中必须要学会以下技巧：

1.巧妙利用冷场

谈判过程中，选择恰当的时机沉默，可以起到带动对方情绪的作用。这里的时机，可以选在以下三个阶段：

第一，在讲话的开头。在谈话开始后就沉默，能让对方主动开口。而对于这种沉默的方式，还可以继续分成两种：一种是吊胃口，也就是你说一段话，然后保持沉默，此时，对方会接下你的话茬儿。比如，假若你是某领导，你的下属在工作中出现了问题，你想找他谈谈话，但他就是不说话，于是，你可以这样说：“小李，我知道你不知道说什么，那么，就让我先说，等一下我说的时候，如果你发现我有说的不对的地方，你一定要指出来。”接下来，你就对这一问题开始讲，当你讲着讲着，对方肯定会跳出来指出你说的不对的地方，一来二往之间，两人之间就把话说开了。这是第一种冷场的方式。在开头就冷场，还有第二种方式，那就是真正意义上的冷场，假若对方是个急性子，那么，他一定会受不了这种冷场而主动说话的。

第二，在讲话的中间。这样做是为了转移方向。举个简单的例子，你原本想和对方谈论孩子教育的问题，但不知道为什么谈着谈着就谈到了服饰的问题了，为了把话题拉回来，你可以冷场几分钟。对此，你可以说："刚才我们谈到孩子的教育问题。"然后冷场，一秒、两秒、三秒，前面的话题就回来了。

第三，在谈话即将结束的时候。这时候使用冷场的妙处在于表达了你已经耐心听完了对方的谈话，一般来说，谈判结束后，停十几秒再答话比较好，这样能给自己一点思考的时间。

总的来说，冷场并不是说明我们语塞，而是一种谈话技巧。这就相当于一种机关，这个机关可以设在谈话的开场、中间或是结束。

2.声东击西

在谈判中，声东击西其实也就是转方向。比如说，你和客户在交货时间和价钱上都有分歧，客户的要求是价钱要降低，但交货时间也必须提前。为此，你不妨先在一个方面妥协一点，比如，你可以给把交货时间提前一个星期，但价格决不能降了，此时，客户在你答应一个条件后，自然还会在另一个问题上和你软磨硬泡，对此，你可以这样说："好啦！我价钱也让给你一点点。”客户肯定很高兴，以为自己两方面都争取到了，但他可能没有发现，你真正要守的就是时间。这里，先从时间上入手，故意称不讲价，然后对方的注意力就会被吸引到价格上，而过了一阵子以后，你再为他降价，那么，对方自然满意，而你在时间这一关上也就守住了。

3.喊停

谈判过程中的暂停常常是给自己一些空间和时间，例如，客户的话题跑得很远，这时你就得喊停了。喊停后重新回到谈判桌上，理论上是谁叫停，谁就先讲话，也就使叫停的人取得下一轮的发言权。

4.加议题

加议题有两种：

一种是把人变多。比如，原本客户是和你在谈，但客户认为你的产品太贵，此时，你不妨再为自己找个行业内的伙伴，进行策略联盟，让他们把自己的产品也亮出来，这样，客户需要考虑的就不只是你的产品了，他会进行比较，最终他会发现，你的产品虽然稍贵一些，但在各个方面，都比其他产品更优质。最终，他在权衡之下，当然会接受你的意见。可见，把人变多这种加议题的方式能分散客户的注意力，最终让其调整谈判意见。

另一种加议题的方式是转移话题。还以价格问题为例，客户若希望你降价，那么，你就可以直白地告诉他，如果你想降价，那么，在售后和质量上就没有保证了。此时，对方必然会担心质量和售后问题，并且会询问，这两方面怎么会有问题呢？此时，你就会发现，谈判的中心已经不是价格了，而是质量和售后，也就开始了另一场谈判，主题就是唯有价钱合理，才有质量保证，可能到最后客户会放弃降价的要求。

但在把握客户谈判思维的时候，我们一定要注意：

（1）保持冷场的时候，一定要把握度和掌握好对方的性格，因为有些人不喜欢冷场。

（2）要细心。这是任何一个谈判者必须要具备的品质。

（3）要耐心，不要急功近利。行事冲动，极易导致推销失败。尤其是在促成阶段，对方所作出的任何一个决定，都不是一时冲动，他们需要权衡各种客观因素，同时还会受到主观因素的影响，如心情好坏等。因此，作出决策是一个极其复杂的过程，并不是一蹴而就的。在这个时候，我们应该给对方一定的考虑时间，并耐心等待对方作出决定。

有的放矢，把握对方心理

我们都知道，很多情况下，我们对某个问题的关键点的把握直接决定了我们对整个问题的处理。举几个很简单的例子，做一道菜的关键在于各种作料的搭配；唱好一首歌的关键点在于把握歌曲的曲调曲风；写好一篇文章的关键在于确定文章的中心思想……把握事物的关键点，才能让成功离我们更近。对于说服也是如此，那么，说服他人的关键在何处？说服到底靠的是什么呢？有人说是口才，诚然，我们不能否定口才在这一过程中的重要性，但滔滔不绝地谈论自己的观点，未必能让对方心悦诚服，我们更要做的是把握对方的心理，有的放矢地劝说，这样才能收到事半功倍的效果。

佳佳是一名导游，她的工作一直被领导和游客们认同。在一次集体活动中，当大家风尘仆仆地赶到事先预订的旅馆时，却被告知当晚因旅馆工作失误，原来订好的套房（有单独浴室）中竟没有热水。为了此事，佳佳约见了旅馆经理。

佳佳："真不好意思，这么晚还给您打电话，但我们走了这么远的路，一身的汗，不洗澡怎么睡觉呢？请您谅解一下。"

经理："这事我也没有办法。这么晚了，这些锅炉工也回家了。不过，这个附近倒是有个集体浴室，我觉得你们可以去那里洗。"

佳佳："是的，我们可以自己掏钱去外面的集体浴室洗，但我必须声明一点的是，因为我们住的是带单独卫生间的套房，这个标准是每人五十元一晚上，而假若我们去集体卫浴的话，那么，我们只会按照通铺水平也就是一人15元付费了。"

经理："那怎么能行？"

佳佳："很简单，那只有供应套房浴室热水。"

经理："我没有办法。"

佳佳："您当然有办法！"

经理："你说有什么办法？"

佳佳："您有两个办法：第一是把锅炉工叫来给我们烧热水；第二，您亲自提着两桶热水来为我们服务，当然，我们一定会保持耐心，我也会劝大家等您来的。"

这位经理并不笨，他当然会选择第二个方法，于是，40分钟后每间套房的浴室都有了热水。

案例中，导游佳佳之所以能说服经理，是因为她运用了"威胁"这一说服技巧，当然，整个说服过程，虽然运用了心理策略，但丝毫没有任何恶意，这也是旅馆经理最后妥协的原因。

可见，真正有口才的人在说服他人时，是会将心理学运用其中的，他们能在三言两语间就让对方心服口服。那么，我们该怎样做才能在较短的时间内抓住对方的心理诉求？接下来是几点建议。

1.学会倾听

与人沟通，不能一味地"说"，还要"听"，而"听"，也不只是简单地带着耳朵听，还需要把对方沟通的内容、意思把握全面，这样，当你回馈对方的时候，才能与其想法一致，否则，如果你因为没有听清楚而急于表达自己的观点，那么，结果有可能无法达到深层次的共情。而最重要的是，在倾听的过程中，我们能了解更多的信息，也就能更全方位地把握对方的心理诉求。

2.养成揣摩别人心思的习惯

要了解别人的心理，最重要的还是要有敏锐的观察力，然而，这并不是一下就能获得的，这就要求我们在日常生活中多思考，凡事多问几个为什么。此外，还要通过与对方的不断交流与沟通，来验证你的揣摩。长此以往，当你在与人沟通时，也就能通过对方的一言一行、一举一动比较准确地揣摩其心思了。

3.养成换位思考的习惯

换位思考说起来简单，但是真正能做到的人并不多，这并不是因为我们没有这个能力，而是没有这个习惯。所谓换位思考，就是要求我们在观察处理问题、做思想工作的过程中，设身处地为他人着想，真正了解对方所想的，这样，我们对别人心理诉求的把握才能更准确、更全面，也才能真正把话说到别人的心窝里。

总之，任何一个想练就高超说服技巧的人都要明白一点，说服的关键点不在于“说”，而在于“服”，只有真正了解对方的心理，说对方想听的话，才能真正用语言俘虏对方。

适时亲切，用温情打动别人

我们都知道，人与人之间相处，情是最能触动人心的，正所谓“欲晓之以理，必先动之以情”。通常我们会见到这样的场面，两个人初次见面，其中一方欲与另一方打交道，于是，他百般客气谦逊，但另外一方不为所动，依然一副冷漠的样子，这时作为主动方，如果你能对对方实行温情关怀，一点点加温，那么，即使对方心里有一座冰山，你的温情也能如烈火般将其融化。毕竟正如人们所说“人心都是肉长的”，再铁石心肠的人也会被你坚持的温情感动。其实，在说服他人的过程中，何尝不是如此呢？人都是情感动物，想要说服他人，与其苦口婆心地劝说，倒不如用温情打动。而用温情打动别人，首先需要我们做的就是表达关爱。

事实上，那些明事理、重情义的人，他们在说服他人的时候，总是能设身处地充分考虑对方的切身利害、实际困难。因为，在此基础上进行说服，才称得上是真正的通情达理，也更令人心悦诚服。而如果丝毫不考虑对方的情感和需要，双方交谈时就没有共同的语言，说服就无从谈起了。

那么，在具体的说服他人的过程中，我们该怎样表达我们的关爱呢？

1.始终发挥微笑的力量

人们总是愿意与那些热情、开朗的人打交道，善于微笑的人，总是能给他人留下良好的第一印象。

2.态度要诚恳、说话要亲切

在与他人沟通的过程中，要让对方感到你是诚实的，人们是不愿意和一个虚伪狡诈的人打交道的。另外，一定要把话说得亲切、和蔼，这样才能使对方感到愉快，从而对你产生信任，因此，你说话一定要恰如其分，符合双方的身份，不然，就会引起对方的反感。

3.说话饱含感情

比如，我们想邀约别人，那么，你若能表达出对对方应邀的渴望，对方必当觉得盛情难却。比如，我们可以说："如果您今天晚上不来的话，那真是一件遗憾的事，我们的老领导都不在，整个晚宴肯定也会大为失色。"而相反，如果我们说话毫无感情："希望您届时参加我们的晚宴。"那么，对方感受不到你的热情，也就没有参加的欲望了。

4.不要急于表露我们的说服目的

人都会受情感的左右，尤其是那些感性的人。所以，在刚开始接近对方的时候，我们不必急于表达自己要说服对方的目的，先与对方寻找共同感兴趣的话题，这样，在聊天的前提之下，和对方取得心灵的共通，博得对彼此的认同。

5.重视对方的谈话，显示出你的关心

人们参与人际交往，都有同样一个心理，那就是希望得到别人的理解和关心。因此，如果我们能满足对方的这一需求，就能赢得他的好感。当然，当我们向对方表示关心的时候，并不需要过分表现出来，因为通常时候，隐匿的关心更有效果，比如，我们可以重复别人说过的话："以前，你曾说过……"特别是当你说出了对方的兴趣或嗜好之时，对方会因你对他的重视而感到欣喜，马上打消对你的戒备，由此增进彼此关系。

6.用行动来打动客户

我们不仅要用语言表达关爱，更要用行动来证明，比如，在对方最无助的时候及时出现，帮其解决某些生活中的难题，为其做些举手之劳的小事等，让对方真正感受到我们送去的温暖，从而愿意对我们打开心扉！

总之，即便我们说服对方的目的是有益于我们自身的，我们与对方之间也不是赤裸裸的利益关系，其中还包含着人与人之间的温暖和真情。因此，我们要想真正说服对方，还是要多关心对方的生活，关注他身边发生的事情。这样无形之中就会把关爱渗透到对方的心里去，进而真正形成友谊！

用真诚和善意传递信息

社会交往中，取得别人的信任是我们每一个人的希望，也是我们和人沟通的主要目的。不过，在生活中，有很多人会因为错误的说话方式而无法得到别人的信任。他们在交谈之中表现得过于自以为是、自命不凡，说起话来装腔作势、装模作样。这样不仅不能达到说话的目的，还会给别人的心里带来不痛快。毕竟，那傲慢的腔调、趾高气扬的神情和刻板僵硬的语气会显得不尊重对方，没有礼貌和修养。很多人在碰壁之后都在苦苦思考该如何去取得别人的信任这个问题。其实答案很简单，只要我们在谈话的时候放低姿态，心平气和，真挚诚恳地去和别人进行交谈就可以了。我们只有在说话的过程中选择谦逊的态度和委婉动听的语调，才能给人一种心悦诚服的感受，从而迅速获得他人的信任。

1860年，林肯作为共和党候选人和民主党的道格拉斯竞选美国总统。道格拉斯是一个百万富翁，他为了在气势上击垮平民出身的林肯，就特地租用了一辆漂亮的专车，在车后放了一尊礼炮，每到一个地方就放30声炮，并且专门请了乐队进行演奏配合。这样的宣传方式在美国建国以来的历史上，还是第一次。道格拉斯坐在车上，狂妄地叫嚣着："我要让林肯这个乡巴佬见识一下什么叫作贵族气息！"林肯没有太多的钱去置办专车和礼炮，只能坐在一辆破马车上前往每一个选票点为自己拉选票。面对道格拉斯的挑衅，林肯并没有丝毫的胆怯和悲观，而是选择了沉着应战。在道格拉斯大肆炫耀自己财富的时候，林肯诚恳地对选民们说："有人曾经问过我的财产有多少，我坦白地告诉大家，我有一个妻子和三个儿子，这些对于我来说，都是无价之宝。除此之外，我还租了一个办公室，办公室里有一张办公桌，三把椅子，墙脚有一个大书架，书架上的书值得我们每一个人去读。至于我本人，又瘦又穷，脸也很长，没有丝毫的富贵相。在这次总统大选之中，我没有太多的选举经费作依靠，唯一可以依靠的就是你们。”

林肯没有足够的经济实力作为后盾，不可能像道格拉斯那样制造一个豪华强大的阵容。但是，在这次大选中，他轻松地击败了身为百万富翁的对手。他之所以能够取得选民的信任，当选为新一届的总统，是因为他用最淳朴的语言、最真挚的感情打动了每一个选民的心。他的感人首先体现在不讲排场上，这样就会很自然地消除和选民的心理隔阂。在内容上，林肯也并没有给选民们过多虚假的许诺，而是从自己的实际情况谈起，称妻儿为无价之宝，这样就贴近了常人之心，赢得了选民们的认同。接着讲述简陋的办公室，就从另一个方面展现了自己的形象——廉洁、勤奋、富有学识。在演讲中，不把自己当成选民的救星，而是把选民当成唯一的依靠，充分显示了对选民的尊重。如此一来，他能够赢得选民的支持，也就在情理之中了。

1988年年初，时任北京燕山石化公司党委书记的吴仪被提名为北京市副市长候选人。那是一次差额选举，要求候选人与选民公开见面，并进行竞选演说。吴仪由于工作太忙，来到现场的时候已经没有了准备的时间。于是，她就在来不及换掉工作服的情况下登上了讲台。她在演讲中，用一番干脆利落的话表明了自己的态度，打动了在场的每一位选民。她说：“如果我当选，我将像鲁迅先生所说的那样：‘俯首甘为孺子牛’；如果选不上，我将回到哺育我成长20年的燕化那块土地上，由60年代的拓荒牛，成为80年代开拓奋进的牛，为北京市的建设，作出燕化人应有的贡献。”

吴仪在演讲中没有任何的口号，也没有说感谢各位之类的客套话，而是借用鲁迅的话来表明自己埋头苦干的决心。在民众面前，吴仪没有任何高姿态，没有“耍花腔”，而是如实地说出了自己的真心话，从而给在场的每个人留下了深刻的印象，同时，也赢得了这些素昧平生的选民们的支持。我们从中可以看出，充满温暖感情的言语不用经过刻意的修饰，也能引起别人的共鸣，赢得别人的支持。

在和别人进行沟通的时候，最重要的技巧就是用真诚和善意来传递你的思想和态度。充满尊重饱含感情的真挚话语能够给人以心灵的震撼和灵魂的启迪，赢得别人的好感和信任。

第11章

当众说话无须害怕，这样表达谁听谁夸

俗话说：“一言之辩重于九鼎之宝，三寸之舌强于百万之师。”说话，是一个人必备的生存技能，尤其是当众讲话。英国首相丘吉尔就曾说：“一个人可以面对多少人，就代表这个人的人生成就有多大。”当众说话需要战胜胆怯心理，有技巧的语言表达往往会赢得人们的夸赞。

善于当众说话，赢得丰厚人脉

说话往往可以帮助我们建立和谐的人际关系，事实上，我们完全可以说：良好的人际关系是从当众说话开始的。人们都有这样的经历：新学期在同学面前作自我介绍，到新公司当着同事的面介绍自己，在新的朋友面前介绍自己等。当我们当众介绍自己的时候，无疑，我们整个人的形象都将得到根本的展现，而这恰恰是需要通过说话来完成的。当众说话时，你是幽默还是木讷，你是健谈还是少语，别人将会观察得一清二楚。因此，你的人际关系是否和谐，应该取决于你当众说话水平的高低。你当众说话很精彩，自然而然，你的人际关系就会好很多；你当众说话水平很低，相对地，你的人际关系也会差很多。这就是当众说话给我们带来的人际关系上的差别。因此，如果你想拥有较好的人际关系，首先应该学会当众说话。

不管是学习期间，还是在工作期间，我们有一个很明显的印象：谁当众说话次数比较多，对谁的印象就更深刻；谁当众说话比较精彩，相应地，对谁的印象就更好。

参加口才培训的朱先生讲述了自己的经历：

“我以前从来不喜欢说话，总是一个人默默地坐在教室里学习，后来就是在办公室里上班。在屋子的角落里，我观察着那些受人们欢迎的同事，他们大多都是能说会道的人，经常当众讲故事、说笑话，逗得我们哈哈大笑。其实，我很羡慕他们，也很想成为受大家欢迎、能被大家记住的人。但是，我天生胆子小，见到熟人和朋友，能躲就躲，即便是需要跟别人打个招呼都要鼓起勇气才行。下班后与同事一起吃饭，也不知道说什么才好，老是觉得自己没话可说，搞得整个气氛十分尴尬。因此，从小到大，人们对我的评价就是一句话：沉默寡言，人际关系比较差。

“后来，我朋友建议我去参加口才培训班，希望以此能改变我的人际关系。对于朋友的这个建议，我犹豫了很久才决定下来。现在，我已经在口才培训班学习三个月了，我也喜欢说话了，甚至，我觉得与人打招呼是一件很愉快的事情，就算是和朋友吃饭，我的话也多了起来。以前，我的话很少，就不喜欢别人话很多；现在我却喜欢听别人说话。以前我不知道为什么许多人都不愿意与我来往，现在我明白了并不是别人不喜欢我，而是我自己与他们划开了界限，形成了隔阂。我本来脾气比较急躁，一听见别人说话就很烦，那时我不喜欢说话，也不喜欢听他们说话。现在，我说话口气委婉了，经常也能当着大家的面说上几个笑话。亲戚朋友都说我变化很大，而我最大的收获就是多了很多的朋友。”

通过当众说话，朱先生结识了很多的朋友，人际关系越来越好了。生活中大量的经验告诉我们，那些能说会道的人，往往也是能很好处理人际关系的人，当然，他们的朋友也会更多。我们很少见到，一个沉默寡言的人会有很多的朋友。因此，如果你想拓展自己的人际关系，认识更多的朋友，那么首先你所需要学习的就是当众说话。

当众说话能让更多的人认识你。在现实生活中，假如只是一对一地说话，可能你只会认识与你说话的那个人。但是，当众说话就不一样了，也许只是你一个人在说话，不过身边很多人都是通过说话才认识了你。即便是你不主动去交朋友，估计朋友也会主动找上门来认识你。这样一来，你的人际关系自然不会差了。

领导者的魅力体现在当众说话

著名领导力研究专家沃伦·本尼斯曾说：“领导者与常人的区别在于，领导者能够把握说话的技巧，清楚明白地表达人类共同的梦想。”当众说话是领导艺术的重要组成部分，在中外历史中，那些业绩卓著的领导者，无一不是当众说话的高手。他们的号召力、影响力以及组织能力之所以能打动人心，在很大程度上是得益于他们高超的讲话水平。很多领导者每天必须出入各种公开场合，用得体的语言进行谈判、演讲、激励员工、部署工作等，这些无一例外都是在进行当众说话。而在说话的过程中，领导的魅力将展露无遗，我们可以说，当众讲话铸就领导的魅力。

领导者的魅力取决于什么？一个领导者当众说话能否说出水平、说出效果，除了他所具备的说话能力之外，还有一个重要的因素就是其语言魅力。因此，语言魅力决定着领导者的魅力，而有效展现语言水平的当众说话则铸就了领导者的魅力。一个领导者大部分时间都在说话，他所具备的才能、知识、素养等都是通过说话而逐一展现的，而那些就是领导者自身的魅力。一个领导者是否有魅力，在某种程度上取决于其当众说话的效果。当众说话水平比较高，听众都愿闻其详，那意味着领导者有着非凡的魅力；反之，如果他在当众说话时，听众根本不听，甚至昏昏欲睡，那只能证明领导者本身缺乏魅力。

英国前首相撒切尔夫人在自己上任后的第一次讲话里说道："我是继伟人之后担任保守党领袖的，这使我觉得自己很渺小。在我之前的领袖，都是赫赫有名的伟人。如：我们的领袖温斯顿·丘吉尔把英国的名字推上了自由世界历史的顶峰；安东尼·伊登为我们确立了可以建立起极大财富和民主的目标；哈罗德·麦克米伦使很多凌云壮志的梦想变成了每个公民伸手可及的现实；亚历克·道格拉斯霍姆赢得了我们大家的爱戴和敬佩；爱德华·希思成功地为我们赢得了1970年大选的胜利，并于1973年英明地使我们加入了欧洲经济共同体。"

1979年，撒切尔夫人在大选中获胜，这时，她说道："不论大家在大选中投了谁的票，我都要向全体英国人民呼吁：现在大选已过，希望我们携手前进，齐心协力，为我们所自豪的国家的强大而奋斗。我们面前有很多事情等着我们去做，让我们一起奋斗吧！"

1987年，撒切尔夫人第三次连任，她讲了这样一段话："我们有权利也有义务提醒整个自由世界注意，英国再次信心百倍、力量强大和深受信任。我们信心百倍，是因为人们的态度已经发生了变化；我们的力量强大，是因为我们的经济欣欣向荣，富有竞争力，而且在不断强大；我们深受信任，是因为世人知道我们是一个强大的盟友和忠实的朋友。"

撒切尔夫人最大的魅力在于威信，她是20世纪后期世界上最具魅力的政治人物之一，而她那卓越的当众说话的口才，更为其展现了非凡的魅力。如果说威信是她的魅力，那在这一次次当众说话中，她的魅力得到了最大限度的展现。第一段话里，撒切尔夫人列举了现代史上英国历代首相的功绩，以此来表明自己的任重道远；第二段话里，她以富有感情的语言贴近了广大民众，增强了她在英国人民心中的良好印象；第三段话里，她以豪放的语言表现自己的信心和王者之气，进一步提高了她在人民中的威信。

在实际的当众说话中，领导者是如何展现自己魅力的呢？

1.在当众说话中展现语言魅力

许多领导讲话不注重语言魅力，只注重形式主义。他们在讲话的时候，枯燥无味，让下面的人听起来很难受，很多人都深受开会之苦，甚至有人为了躲避听领导讲话，请假、会上打瞌睡、玩手机游戏、频频借故出入会场。这就从根本上体现了一个领导者的语言魅力的重要性。

可以说，如果一个领导在台上讲话滔滔不绝，下面的听众却置若罔闻，那就表示出他没有足够的领导魅力，而这正是由于领导的语言枯燥、没有魅力造成的。

2.在当众说话中展现个人魅力

当领导者站立在台上，他的衣着打扮、礼仪、说话、体态姿势都将全部展现出来，那是没有办法隐藏的。这时候领导者所展现的就是个人的魅力，或风度翩翩，或嬉皮笑脸，或不苟言笑等。与其说当众说话铸就了领导者的魅力，倒不如说领导者的魅力是通过当众说话而体现出来的。

言不在多，达意则灵

在实际生活中，很多人说话有一个明显的弊病，那就是非常啰唆，他们把一些极为简单的问题复杂化。本来可以三言两语就能说清楚的问题，他非要重复无数遍，结果越说越离谱，到最后自己也搞不懂在说什么。我们从一个人的说话中可以看出这个人的做事风格：说话简洁而有力的人，大多是自信心很强、办事果敢的人；而那些废话连篇的人，通常都是思维比较迟钝，做事也显得犹豫不决、优柔寡断。

正所谓“言不在多，达意则灵”，那些言简意赅的话语，往往更有力度，更能深入人心。说话简洁使人愉快，令人喜欢，更容易被人接受；相反，说话冗长累赘，就会使人厌烦，也使沟通达不到预期的效果。所以，我们在日常交际中，要善于说一些简洁而又有力度的话语，这样才能直入人心。

1863年7月1日，美国南北战争中的一场决定性战役，在华盛顿附近的葛底斯堡打响了。经过三天的激战，北方部队大获全胜。战后，宾夕法尼亚等几个州决定合资在葛底斯堡建立国家烈士公墓，把牺牲的全体战士公葬在此。

公墓在1863年11月19日举行落成典礼，美国总统林肯也应邀到会作演讲。这对于林肯来说有很大的难度，因为这次仪式上的主要演讲者是美国前国务卿埃弗雷特，而林肯只是因为总统的身份，才被邀请在埃弗雷特之后讲几句形式上的话。林肯非常明白埃弗雷特的演讲水平，他被公认为美国最有演说能力的人，尤其是擅长在纪念仪式上的演讲。而林肯在他之后作讲话，无疑有点“班门弄斧”之嫌，如果讲得不好，更会使自己作为总统的颜面尽失。

在典礼上，埃弗雷特那长达两个小时的演讲，确实非常精彩。结果轮到林肯总统讲话了，出人意料的是，他的演讲只有十句话，而从他上台到下台不过两分钟的时间，但是掌声持续了整整十分钟。林肯的演讲不仅赢得了当时在场的一万多名听众的热烈欢迎，而且在全国引起了轰动。当时有报纸评论说："这篇短小精悍的演说简直就是无价之宝，感情深厚，思想集中，措辞精练，字字句句都很朴实、优雅，行文毫无瑕疵，完全出乎人们的意料。"就连埃弗雷特本人第二天也写信给林肯："我用了两个小时总算接触到了你所阐明的那个中心思想，而你只用了十分钟就说得明明白白。"林肯这次出色演讲的手稿被收藏到了国家图书馆，演讲词被铸成金文，存入了牛津大学，作为英语演讲的最高典范。

林肯在这次演讲中靠什么取胜？那就是简洁的语言，他简短的演讲比长达两个小时的演讲更彰显出语言的力量。正所谓"浓缩的就是精华"，因为简洁，它所表达出来的思想会更有深度，表达的意思更清晰，彰显的主旨更有分量。

那么如何说话才能做到言简意赅呢？

1.尽量使用准确的词语

福楼拜说："任何事物都只有一个名词来称呼，只有一个动词标志它的动作，只有一个形容词来形容它。如果讲话者词汇贫乏，说话时即使搜肠刮肚，也绝不会有精彩的谈吐。"我们在平时的语言积累中，要尽可能地掌握更多的词汇，这样才能说出简洁而有力度的话。

2.将复杂的内容简单化

要想自己说话简洁而有力度，就需要“删繁就简”，删掉那些冗长的、反复的词汇，尽量把复杂的话简单地说出来，这样才会简单易懂，才能直入人心。

通俗易懂，让对方听得明白

通常情况下，当众说话短则几分钟，长则一两个小时，如何才能让听众记住自己所说过的话呢？其实，最简单的就是运用口语化的语言，通俗易懂。说话的目的在于得到听众的理解，而听众往往是凭着自己的感觉来理解话语的。如果你在说话的时候，较多地使用生僻晦涩的词语，听众就会觉得枯燥无味，不知道你在说些什么。有可能你说得滔滔不绝，兴致勃勃，听众却是恹恹欲睡、烦躁不安。我们要说那些听者能够听得懂、记得住的话，这样才能达到说话的目的，也才能让语言发挥出应有的作用。通常对于自己感兴趣的语言，大多数人是愿意花心思去记住的。因此，我们要善于在说话中适时掺杂一些听众感兴趣的内容，如成语、民谣之类，简单得令人过耳不忘，人们也都耳熟能详。你讲起来语言简短精练，合乎口语，让听众不仅听得明白，而且印象很深，也更容易记住。

在当众说话时，要让自己的语言令听众过耳不忘。所以，我们应该尽量使用自己的语言，最容易被人记住的语言是生动活泼、具体形象、幽默风趣的。你使用的语言要具体可感，形象生动，丰富多彩，不能翻来覆去总是那几个词、那几句话，否则就会显得枯燥乏味。而语言生动有趣，最基本的要求就是不能老是去套用别人的话，尽可能使用自己的语言，这样既具有个性，又有新鲜感。需要注意的是，要避免堆砌“时髦词”，或者把别人的东西生拼硬凑在一起，否则乍听起来挺“新鲜”，可是细细品味起来，似是而非，很不准确。

另外，为了自己所说的话容易被听众记住，还应该站在听众的角度上思考问题。当众说话实际上还有一个态度的问题。说话者要站在听众的立场上，为听众着想，将自己的想法很好地传达给听众；不能以自我为中心，只考虑如何展现自己的语言表达能力。有的人长篇大论，把本来非常简单的道理绕来绕去，结果是，不说的时候听众还明白一些，越说听众越迷糊，这就是故弄玄虚，人为地设置沟通障碍，这样一来，听众厌烦还来不及，又怎么会将你说的话记在心里呢？

那么令听众过耳不忘的说话秘诀到底是什么呢？

1.善用口语词汇

如“立即”可说成“马上”；“从而”可改成“这样就”；“备定”可说成“准备好了”等。如果遇到一个意思可能用几个词都能够表达，你要尽量选择其中一个容易听懂的词，不该省的字不要省。

2.尽量用短句

尽量用短句、少用很长的句子，并且尽可能地少修饰句子；要尽量避免使用文言句和倒装句，以免造成听众的错觉或使他们分散注意力。

3.少用文言

有些难懂的、文绉绉的成语，最好不用。如果用一两句，也要专门进行解释。但是早已口语化了的成语，还是可以用的，这样才能使说话显得生动，雅俗共赏。

4.小心使用方言

这主要是针对听众面比较广、人员比较多的情况而言。因为下面的听众可能来自五湖四海，方言土语多了，有些人就听不懂，就会影响说话效果。当然，如果只是小范围的会议，而且大家都是本地人，适当运用一些方言土语，可以起到拉近说听者距离、增进感情的作用。

语言朴实，更显情真意切

说话者当众说话要注意把自己的情感融入到语言之中，追求语言的朴实无华、感情真挚。一个人只要一开口，总是在试图以自己的情感影响他人。真挚而健康的情感可以感染听众，使其按照说话者的意愿去行动。而朴实无华的语言往往能表达真情实感，以此造成适度煽情的效果，有时太多的言语修饰反而会削弱情感的真挚程度。因此，说话者在语言表达时，可以适度煽情，这往往能起到意想不到的效果，情深意切，打动人心。说话的主要目的就是使听众能够信服，这就需要尽可能在双方之间建立起情感的桥梁，这样才能够以情动人，以理服人。

某领导在澳大利亚西澳大利亚州首府珀斯座谈时，与中澳学子的交流洋溢着亲切、热烈的气氛。“我是一个普通人。和年轻人在一起，我感到自己也年轻了。”他平易近人、和蔼可亲的开场白一下拉近了中国领导与年轻学子之间的距离。他接着回忆了在战乱年代度过的童年，特别提到了祖父创办的学校在战火中被毁的情景。“在我心中，有两件事留下深刻印象：一是要和平；二是要发展教育。”

在场的20多名中澳学生中，来自西澳大学、伊迪斯科文大学的3名中澳学生成为现场提问的“幸运儿”，他们问了他们关心的话题：中国政府对留学回国人员有没有优惠政策？澳大利亚人应当怎么看待中国文化？要加强两国之间的了解，应当作怎样的努力？“对留学人员我们的立场是：支持留学、鼓励回国、来去自由。但希望你们记住，你们都有两个母亲：生你的母亲和祖国母亲。”这是他对留澳学生和全体中国留学生的期许。“中国是古而又新的国家，澳大利亚是新兴的国家。两国历史、文化、地理条件不同，但我们都酷爱和平、热爱生活。我们可以和而不同，共生共长而不强求一律。可以彼此相互学习，相互借鉴，和谐地生活在这个地球上。”这是那位领导对文化包容性、多样性的阐述。

这位领导的语言风格，体现了他的民本情怀，流溢出他对民众作用的深刻理解。他的语言总是能够如春风一样拂过你的心，温暖到你的心窝里。我们常说，“动之以情，晓之以理”“通情才能达理”“感人心者莫先乎情”，其实就是这个道理。

澳门前特首何厚铧在1999年的选举中获胜。在参选前的一次记者招待会上，当记者让他谈谈对澳门的认识、对自己参选的认识时，他说：“澳门是我生活、家庭和事业的根基，澳门的一切，伴随着我长大。澳门人的思想，熏陶我的性格；澳门人的忧乐，与我息息相关。我对澳门发自内心的热爱和归属感，鞭策我要贡献所长。在澳门重投祖国怀抱之际，我身为一个中国人，理应当仁不让，竭尽所能，以自己的一份热忱，来承担这一历史使命。我的参选是澳门人给我的一个机会，容许我把自己对澳门的深厚感情进一步升华，变成无私的奉献。”

何厚铧短短的几句话里，既没有华丽的辞藻，也没有对选民的曲意逢迎，有的是自己对澳门发自内心的热爱，语言朴实，直接表达了其真情实感，不能不使听众为之动心、为之折服。

1.说话要以情为基础

有的人用寥寥数语就能够征服听众，说明重要的不在于说话者有多么好的口才，有多么好的语言表达能力，而在于他的语言朴实无华，情深意切，能直指人心，听众所喜欢的就是这样极富情感性的演讲者。

2.尽量使用无矫饰的语言

最具有情感性的语言不是华丽辞藻的堆砌，而是最简单质朴的语言，那些语言才能真正地走进人们心里，征服人的心灵。因此，在说话时不需要讲多么漂亮的话，而是尽量地使用朴实无华的语言。

恰当的语气，增强语言表现力

在很多时候，语气常常能够触动听众的内心，影响其心理，而且一个人的语气往往会随着不同的说话对象而变化。另外，语气还可以表达明确的情感信息。通过有关资料显示，语气在表意方面往往会产生特殊功效。在职场中公开说话，我们需要注意自己的语气，因为恰当的语气会大大地增强语言的表现力，让语言更容易深入人心。

语气包含思想感情、声音形式这两方面的内容，因此我们可以把语气理解为具体思想感情支配下的语句的声音形式。如果说语音是语言的物质外壳，那么语气就是表达所必须依据的支持物。在现实生活中，我们说话都离不开语气，在一句话中，我们不但要注重遣词造句，而且需要考虑用怎样的语气表达，这样说话才准确、鲜明、生动，更容易触动对方的内心。

通常来说，在公开说话时，我们的语气可以影响听众的情绪和精神状态。当然，只有语气适应于听众，才能同向引发，比如，使用喜悦的语气，常常会引发听众的喜悦之情；使用愤怒的语气，常常会引发听众的愤怒之意。如果语气不适应于听众，就会逆向引发。

那么我们在公众场合说话，该如何通过说话的语气来打动对方呢？下面我们列举了几种适用于职场说话的语气。

1.肯定的语气

同事带着刚完成的工作报告来找你，希望得到的是赞赏与肯定。“写的是什么东西，我看简直是胡扯。”“嗯，不错，比起上次已经进步很多了。”前者语气带着明显的不屑一顾，后者则带着真诚的赞赏。语气在传达肯定、赞许的信息时，更能触动对方的内心。

2.商量的语气

“去，给我把那份文件拿过来！”“请你帮个忙，帮我把那份文件拿过来好吗？”前者语气传递的信息是冰冷、居高临下的姿态，这会伤害对方的自尊心；后者语气所传递的信息是谦逊、平和、平等的态度，更容易获得对方心甘情愿的帮忙。

3.鼓励的语气

一个员工在完成工作任务的时候，出了一些差错，同事用讽刺的语气说："这事情怎么会这样做呢，我说你简直是胡闹。"另一位同事则用鼓励的语气说："这事情有点不妥，可能你根本没有注意到突发的情况，希望你下次注意。"前者语气带有指责、嘲讽等信息，会让同事心生不快；后者则带着一种期望和鼓励，更容易打动其内心。

第 12 章

表达高手必知秘诀，说话的基本原则和技巧

会说话的人，有可能只是简单的几句话，就可以让对方茅塞顿开。他们往往没有使用华丽的辞藻，却可以让与其沟通的人如沐春风，秘诀就在于他们有效地掌握了说话的基本原则和技巧。

一言中的，抓住事情重点

生活中，我们常提及口才一词，然而，好口才，并不只体现在狭隘的表达内容上，而更体现在论战之中抓住对方的致命点予以狠狠的打击。在劝说别人的时候能够抓住事情的要害，就能够取得事半功倍的效果，从而既能达到你的目的，又避免了白费口舌。

周勃是汉朝的开国元勋，他在汉朝的建立中立下了汗马功劳，后来又在吕后死后铲除了吕氏的势力，迎立当时还是代王的汉文帝，维护了汉朝江山社稷的稳定。汉文帝登基之后，周勃因为年老体衰，就辞去了丞相的职务，回到自己的封地颐养天年。但是，朝廷中有一些小人对他怀恨在心，就趁机向汉文帝诬告周勃图谋造反。经过那帮小人的煽风点火，汉文帝竟然相信了他们的话，下令将周勃抓起来，准备经过审讯之后就将他正法。在汉朝，图谋造反是十恶不赦的大罪，按律应该诛灭九族。朝中很多正直的官员觉得周勃很冤枉，就纷纷上书为他鸣不平。但是，汉文帝丝毫不为之所动，坚持要以谋反的罪名杀掉周勃。正在周勃将要人头落地的时候，汉文帝的母亲薄太后站了出来，她对汉文帝说："朝中的人都反了，周勃也不会造反。当年铲除诸吕势力之后，周勃大权在握，皇帝的玉玺也在他的手上，如果他想做皇帝的话，当时就做了。但是，他对汉室忠心耿耿，没有一点非分之想，将你从遥远的代国接来，让你登上了皇帝的宝座，掌管了汉朝的天下。当时先帝的儿子还有好几个，而他却偏偏选中了你，可以看出他对你是多么地看重。现在，他辞去了丞相的位子回到了自己的封地做了田舍翁，别说他没有这个心，即使想这样做也没有实力了呀。他怎么会在这个时候想起来谋反呢？"

汉文帝听薄太后这么一说，觉得十分在理，于是就消除了内心的顾虑，下令立即赦免周勃。

薄太后的话不多，却切中了要害，让汉文帝明白了周勃的忠心，了解了他的冤情。不妨设想一下，假如薄太后只是一味地哭泣请求，说话抓不住重点，无法说明事实真相的话，恐怕周勃就无法逃脱灭顶之灾了。

说话要尽量做到有的放矢，切中要害。如果不懂得思考和观察，抓不住重点地乱说一气，恐怕说得再多也是徒劳。那些空洞无味言之无物的话，有百害而无一利，只会让人感到头痛，根本起不了任何的作用。

那么说话时，如何才能抓住重点呢？

1.观点鲜明

说话观点鲜明，显示着一种对理性认识的肯定和对客观事物见解的透辟程度，能给人以可信性和可靠感。说话观点不鲜明，就缺乏说服力，就失去了谈话的作用。

2.语言有力度

我们讲话应该注重使用简练的语言，太过烦琐的语言会让你所表达的意思不够准确，也会占用对方更多的时间，结果就是你既没有讲明白，听的人也是有苦说不出，只能强忍着听下去。简洁的话显得更有力度，也更容易被对方所接受。

3.把话说到点子上

相传，墨子的学生曾经问墨子："话是说得多好，还是说得少好?"墨子说："你看田里的青蛙，整天叫个不停，却没有人理会它，而公鸡每天只在天快要亮的时候，才叫一两下，人们都很注意它。可见，话不在说得多而在说得有用。"

总之，我们在陈述观点传递信息的时候，要让所说的话有力度，能够让人听得进去，这才是好的说话方式。我们讲话一定要做到一针见血、言简意赅，这样才能让对方明白你到底说的是什么。

说话的目的是表达自己的意见，完成交流的任务。要想与别人做到畅通无阻地交流，需要的不是一味地兴致勃勃毫无重点地乱说一气，而是应该掌握问题的关键，把话说到点子上。只有抓住要害，有的放矢，才有可能让别人接受我们的意见和建议。

说话注意分寸，留有回旋余地

世事沉浮，变化无常，很多的改变是我们无法预料的。我们在与别人进行交谈和作出承诺的时候，需要注意，万万不可把话说得太绝，没有回旋的余地，否则很可能会给对方带来一些巨大的伤害。把话说得太绝，是幼稚、任性的，它会让思维和言行朝着一个方向发展而不知转弯，从而走进极端。一个真正成熟的人，应该在每一个不同的发展过程中冷静地处理问题，从各个方面进行考虑，说出的每一句话能够有一个回旋的余地。

俗话说“水满必溢”，话说得太满也会溢出来，造成一些不必要的麻烦。凡事都会出现意外，事情的变化我们又无法做到完全掌握，因此话绝不能说得太满，免得没有容纳意外的空间。

古人一再告诫我们说话要注意分寸，反对说话不留余地的言论。比如，给朋友帮忙的时候，可以说尽力而为，但是不能大包大揽乱拍胸脯，免得到时候无法兑现诺言，惹得双方都不愉快。“轻诺寡信”，轻易作出承诺的人，为人的可信度就自然降低。给自己留有余地，从而在任何时候都能够从容地对待发生的一切，才是智者的行为。无论是在朋友圈还是交际场，道理都是一样的。说话掌握分寸，才不会招致别人的记恨，自己也能有一个好的生存空间。

张娟是列车上的产品推销员，她这次推销的是一种新产品——螺旋状的袜子。为了表明这种袜子的韧性，张娟随手拿起一只袜子，对乘客们说："来帮帮忙，拿住袜子一端，使劲儿拉。"说着，她就和一位乘客对拉起来，袜子的韧性的确很好。

接着，张娟又随手拿起一根长长的针，在拉得绷直的袜子上来回划动，袜子也没有损伤，说："看一看，这种袜子不易抽丝。"紧接着她又拿起打火机，在袜子下面晃动，而袜子也未受到损伤。

在张娟一番介绍之后，袜子在乘客手中传看。一位乘客有意地拿起针，只是一划就在袜子上划了一个洞，原来袜子只是顺着纹理划不易划破，并不是划不破。另一位顾客要拿打火机烧，张娟急得赶忙补充说："袜子并不是烧不着，我只是证明它的透气性好。"最后大家终于明白怎么回事，但是没有乘客再买袜子了。

张娟的遭遇告诉我们，在谈话时，即使是绝对有把握的事，也不要把话说得过于绝对，不留余地，这样容易引起他人挑刺。与其给别人一个挑刺的借口，不如把话说得委婉一点。同时，如果张娟不把话说得绝对，还可以为自己赢得更为广阔的空间与对方交流。

其实，生活中出现的许多尴尬，源于个人不加思考的言行。如果把话说得太绝，就难免会和事实产生巨大的偏差，最终也会很容易给自己招来灾难。我们在说话的时候应该考虑一下事态日后的变化，尽最大努力给自己留有一定的后路。

智慧的人懂得说话掌握分寸，从不会信口开河，以免带来日后的尴尬。我们在说话的过程中也应该学会给自己留有余地，只有这样才能取得事业上的成功和朋友们的尊重、信任。

讲究说话的技巧与方式

我们在说服他人的时候，要想成功说服对方，就必须首先进入对方的内心世界，如果一开始就针锋相对，那么，对方就会产生逆反心理，我们也很难达到说服目的。而事实上，人们往往都很喜欢争论，特别是在聊天的时候，不论大事小事，为了说服对方，都喜欢争辩一番。

从某种意义上说，争论是人的一种天性。因为思想、认识的不同，其中一方为了说服另一方，就会发生争论，而这也正是人们认识的一个误区，很多人认为，只有争论才能说服别人。人又都喜欢显示自己的聪明，在争论中击败对方，就是一种难得的精神享受。而事实上，心理学知识告诉我们，人们更愿意在愉快和谐的过程中接受他人的意见，而这也是很多人不能成功说服别人的一个原因。

比如，在生活中，一位丈夫对不整洁的妻子提出意见说：“以后你出门的时候要多注意一下自己的形象，别跟乞丐似的走在大街上，让人家笑话，也让我难堪。你看看邻居李先生的老婆哪天不是穿戴得整整齐齐的，你就不会和人家学学吗？”妻子听到这话肯定会感到不高兴的，她非但不会接受丈夫的意见，反而会反唇相讥：“学学人家？人家的丈夫可是大公司的老板，你有人家李先生的钱多吗？你要是成了亿万富翁，难道我还不会打扮？”在这个时候，妻子不是不知道自己的缺点，但是丈夫的这种表达方式无疑是在伤害她的自尊，为了捍卫自己的尊严，她也只能这样回敬丈夫，如此一来，丈夫的劝说不仅没有达到预定的效果，反而会加剧夫妻之间的矛盾。

在我们的生活中，经常可以看到这样的情形：当你好心好意向对方提出建议的时候，对方听了却感到十分不高兴，其实这并不是别人不识好歹，我们应该对自己的说话方式检讨一番才对。毕竟，有了为他人着想的良好愿望还是不够的，最重要的还是要选择一个合适的表达方式。每一个聪明的人从来不会对别人说“你这样做不对”“事情应该是这样的”，因为那样做，只会引起争端，让别人产生敌视的心理。他们总是会选择一种比较巧妙的表达方式，让对方在没有任何思想压力的前提下去听取他们的意见和建议。

晏子是春秋后期齐国著名的政治家，他不仅在治理国家上有着非凡的能力，同时也是一名出色的口才高手。他每次提出的建议，都能够得到国君的重视和采纳。其中的秘诀就在于，他从来不会直冲冲地将自己的想法强加给国君，而是能通过比较巧妙的方式让国君对一些错误的决定有一个清醒的认识，从而主动地去进行改正。

有一次，齐景公和晏子聊天，无意间问了一句："您的家离市场这么近，知道现在什么东西最贵，什么东西最贱吗？"

晏子早就对齐景公的滥施酷刑有意见，当齐景公问起这件事的时候就灵机一动，一本正经地说："启奏君上，现在市场上价格最贵的是假脚，最便宜的是鞋子！"

齐景公一听，感到十分纳闷，就说："为什么假脚最贵鞋子最便宜呢？"

晏子回答说："现在的老百姓犯法的太多了，有一些小的过失就会被砍去双脚，现在临淄大街上有很多这样的人，鞋子对他们来说是没有用的，而假脚却总是供不应求。"

齐景公听了半天说不出话来，最后自言自语地说："是不是现在的刑法太重了，出现一些小的过失就被砍去双脚，也实在太残忍了，这样，老百姓连改过自新的机会也没了……"于是第二天，他就发布命令，废除了那些酷刑。

哪怕是在最宽松的气氛之中，想改变别人的主意也绝对不是一件容易的事。假如你想让别人采纳你的观点和建议，就要在技巧和方法上下功夫，让对方在无意识中接受你的建议。

当你把自己的意见强加给别人的时候，对方往往会觉得你有一种自以为比别人聪明的心理，哪怕你的意见和建议是多么合理合情，他也觉得你是在盛气凌人地压制他，从而不愿意接受你所说的每一句话、每一个字。遇到这样的情况，你的交际就会不可避免地陷入失败的悲剧之中，你的人气也会逐渐地下降，久而久之，你也必将成为一个不受欢迎的人。这是我们每个人都不愿意看到的现象，因此，我们就要在日常的生活中多加注意，避免出现这样的悲剧。

说服别人，是讨论而非争论，用和谐的讨论更能让对方信服你的观点；而与对方争论，就会让对方从心理上产生一种敌意，无论你怎样说，对方心里都会有抵触情绪，在这种情况下，成功说服他人是很难的。

参考文献

[1]李劲.别输在不会表达上[M].江苏：古吴轩出版社，2016.

[2]阳之行.别输在不懂说话上[M].北京：中国商业出版社，2017.

[3]白芷寒.有效的沟通技巧[M].北京：北京工业大学出版社，2017.

[4]李金水.跟任何人都能聊得来[M].江西：江西美术出版社，2017.